财务会计理论与实践发展研究

李 宛 董 飞 郝 薇 ◎ 著

吉林出版集团股份有限公司

图书在版编目（CIP）数据

财务会计理论与实践发展研究 / 李宛，董飞，郝薇
著. — 长春：吉林出版集团股份有限公司，2023.8
ISBN 978-7-5731-4231-3

Ⅰ．①财… Ⅱ．①李… ②董… ③郝… Ⅲ．①财务会
计—研究 Ⅳ．①F234.4

中国国家版本馆 CIP 数据核字（2023）第 176267 号

财务会计理论与实践发展研究

CAIWU KUAIJI LILUN YU SHIJIAN FAZHAN YANJIU

著　　者	李　宛　董　飞　郝　薇
出版策划	崔文辉
责任编辑	王诗剑
封面设计	文　一
出　　版	吉林出版集团股份有限公司
	（长春市福祉大路 5788 号，邮政编码：130118）
发　　行	吉林出版集团译文图书经营有限公司
	（http://shop34896900.taobao.com）
电　　话	总编办：0431-81629909　营销部：0431-81629880/81629900
印　　刷	廊坊市广阳区九洲印刷厂
开　　本	710mm×1000mm　　1/16
字　　数	235 千字
印　　张	13.5
版　　次	2023年8月第1版
印　　次	2024年1月第1次印刷
书　　号	ISBN 978-7-5731-4231-3
定　　价	78.00 元

如发现印装质量问题，影响阅读，请与印刷厂联系调换。电话 0316-2803040

前　言

随着经济的不断发展，企业的财务会计模式也需要不断调整，其中，企业财务会计管理机制是重点。探索现代企业财务会计管理模式是为了适应改革开放后，市场经济条件下我国企业的发展，是为了充分体现企业政企分开、产权明晰、权责相依的现代企业特点。一个企业的管理再先进、经营再红火，如果没有一个科学的财务会计管理模式，那么企业会出现"漏斗"现象。因此，现代企业会计管理模式的构建与完善，是我国企业对外形成竞争力的有力保障，同时，对现代企业财务会计管理模式的构建提出了非常高的要求。

财务会计是研究如何通过计划、决策、控制、考核、监督等管理活动对资金运动进行管理，以提高资金效益的一门经营管理学科。在我国经济不断提升、国家大力提倡创新型发展的背景下，财务管理与会计工作也应当紧跟时代步伐，与时俱进地不断推陈出新。更新财务管理的理念、方法和技术，制定一套规范性的国际会计准则，以此来协调企业财务会计实务，将成为越来越多企业关注的焦点。

在财务管理过程中，应全面发展会计信息化，这样既可以保障及时完成相关财务管理的具体目标，又能及时交换和共享信息，全面提高资源整合效率，包括财力、物力、人力等方面的资源都可以实现整合。通过推行信息化的管理手段，能够提高效率，避免人工操作可能出现的一些错误或者是失误，降低工作难度，能够避免主观性和随意性，从而提质增效，保障财务工作的质量。

本书适用于高等院校或企业财务会计管理人士。由于作者学术水平有限，书中不免存在诸多不足，恳请各位读者提出宝贵的意见，以便今后不断完善。

目 录

第一章 财务会计的理论研究 ……………………………… 1

第一节 当代财务会计的发展趋势 ……………………………… 1

第二节 财务会计目标定位 ……………………………………… 6

第三节 财务会计、权利与财务会计目标 ……………………… 9

第四节 财务会计作用探析 ……………………………………… 13

第五节 财务会计的信任功能 …………………………………… 15

第六节 财务会计与税务会计的差异和协调 …………………… 18

第二章 会计的基本概述 …………………………………… 27

第一节 会计理论的定位与作用 ………………………………… 27

第二节 会计的职责与工作流程 ………………………………… 47

第三节 会计凭证、会计账簿与会计报表的基本情况 ………… 51

第四节 会计等式 ………………………………………………… 57

第五节 会计科目 ………………………………………………… 61

第六节 会计账户 ………………………………………………… 66

第七节 会计核算的基本前提和会计信息质量要求 …………… 69

第八节 会计方法 ………………………………………………… 77

第三章 多视域下的会计理论 ……………………………… 80

第一节 会计学若干理论问题 …………………………………… 80

第二节 环境会计基本理论 ……………………………………… 82

第三节 经济学成本与会计学成本比较 ………………………… 90

第四节　经济学视域下的会计学 ………………………………… 94

第五节　产权理论与会计学 …………………………………… 96

第六节　"互联网+"环境下会计学专业人才培养 ………… 97

第四章　财务会计模式创新研究 …………………………… 103

第一节　现代财务会计模式的缺陷 ………………………… 103

第二节　数据时代财务会计模式转型 ……………………… 106

第三节　现代企业制度下财务会计模式 …………………… 114

第四节　新环境下的财务会计模式理论 …………………… 117

第五节　网络环境下财务会计模式探讨 …………………… 119

第六节　企业财务会计外包模式应用研究 ………………… 124

第五章　会计信息化与财务会计信息化 ………………… 128

第一节　信息技术对会计的影响 …………………………… 128

第二节　会计信息化概述 …………………………………… 133

第三节　信息技术环境下会计人员的价值取向 …………… 141

第四节　财务会计的基本前提 ……………………………… 145

第五节　财务会计信息的质量要求 ………………………… 147

第六章　财务会计管理 ……………………………………… 152

第一节　财务会计管理工作中存在的问题 ………………… 152

第二节　知识经济下财务会计管理 ………………………… 154

第三节　财务会计与管理会计的融合 ……………………… 157

第四节　网络经济时代下的财务会计管理 ………………… 159

第七章　财务会计管理模式研究 ………………………… 164

第一节　新会计制度下企业财务管理模式 ………………… 164

第二节　财务会计管理中的内控模式 ……………………… 167

第三节　财务会计成本精细化管理模式 …………………… 169

第四节　中小企业财务管理云会计模式 ……………………… 175

第五节　企业会计电子档案管理财务共享模式 …………… 179

第六节　企业财务管理会计集中核算模式 ………………… 183

第七节　财务会计目标成本管理模式 ……………………… 188

第八章　财务会计税务管理实践 ………………………………… 193

第一节　税务管理概述 ……………………………………… 193

第二节　筹资税务管理 ……………………………………… 195

第三节　投资税务管理 ……………………………………… 197

第四节　营运税务管理 ……………………………………… 198

第五节　收益分配税务管理 ………………………………… 201

第六节　税务风险管理 ……………………………………… 202

参考文献 …………………………………………………………… 207

第一章 财务会计的理论研究

第一节 当代财务会计的发展趋势

财务会计在企业的运行和发展中起着不可替代的作用，是企业管理环节中最为关键的一个部分。随着我国现代化进程的加快，财务会计的发展也要跟上时代的步伐。本节主要分为三个部分对现代财务会计发展的趋势进行了探讨，第一部分阐述了财务会计的发展现状，主要包括财务会计供给的个性化、质量的不断提升、信息的多元化、工作效率的不断提升以及人在财务会计的发展中作用越来越大等。第二部分主要对当今社会财务会计发展中存在的问题进行了探讨，财务会计发展中的问题具体有财务会计主体虚拟化、风险被放大、监管系统不够健全、人员专业素质水平不高等。最后一部分则对现代财务会计的发展提出了几点建议和对策，具体内容有强化对会计虚拟化的监管、强化财务会计网络安全建设、完善财务会计管理体系、提高财务会计工作人员专业水平等。

进入 21 世纪，随着我国经济的快速发展和进步，互联网在我们生活的各个领域中都有应用，财务会计也不例外。在财务会计行业中，计算机技术和网络技术的应用，促进了财务会计行业的信息化发展。在企业的发展中财务会计业务发挥着重要的作用，企业相关管理人员对财务会计也越来越重视，从而使得财务会计的发展稳步向前。

一、财务会计的发展现状

（一）财务会计供给的个性化

在我国传统的财务会计模式下，企业的领导者、管理层以及其他利益相关者为财务会计的主要控制人，财务会计主要以报表的形式提供相对应的会计服务和需求。但随着互联网以及信息技术的不断发展，财务会计也发生了很大的变化，变得越来越个性化，财务会计可以根据使用的不同需求而提供不同的财务信息服务。使用者也可以根据财务会计中的数据单独地分离出来，根据自身的需求进行加工处理。

（二）财务会计信息的质量不断提升

在互联网技术未应用之时，有关财务会计的相关信息主要是由人来完成的，通过工作者判断以及传统的手工编制。这样，很容易出现蓄意操纵任务和人为错误等问题，会导致严重的会计失真。随着社会的发展进步和互联网技术的出现和应用，会计信息的可靠性有效提高。例如，它在税务和会计中的应用，可以最大限度地减少人为欺诈和人为因素导致的信息错误。

（三）财务会计信息呈现多元化

传统的财务信息和数据采集，显示主要是由会计人员收到的会计账簿的主动查询和固定点发布的财务报表方法优先，而将人工智能技术应用于会计行业，智能软件可以自动生成会计相关证据等，通过智能会计软件，信息需求者也可以根据自己的需要随时随地获取财务信息，以得到实时的财务信息。此外，人工智能可以促进财务数据自动推荐，改变独立分析的原因等，因此，它可以为财务决策者提供有效的财务信息基础。

（四）财务会计工作效率不断提高

以前，会计人员往往需要花费大量的时间和精力来完成简单而重复的人工收费工作，这不仅会增加员工的工作量，还难以推动财务工作的进展，提升整体效率。智能会计软件自动生成技术的应用，能在很大程度上提高会计处理的速度和效率。此外，人工智能的数据处理能力非常强，它不仅可以对财务数据进行深入挖掘和处理，还可以创建数据库，实现数据跟踪和分析。此外，还可以建立多种类型的数据模型，并在多种约束下对会计信息进行综合分析，从而改变获取原始信息和大量的分析难度高的问题，促进财务信息更加理想化和智能化。

二、当前财务会计发展存在的问题

网络环境发展在一定程度上为财务管理提供了更加便捷的处理方式，使得网络市场交易逐渐普及，无纸化交易越来越多。无纸化的交易模式不仅极大地提高了业务发展的便利性，同时也极大地提高了交易处理业务的整体效率，但是导致了信息和数据篡改欺诈风险性的提高。

（一）财务会计主体虚拟化

在电子商务快速发展背景下，财务会计发展所面临的首要问题是会计信息审核的真实性受到了会计主体的虚拟性质的影响。由于网络电子技术和电子商务的迅猛发展，金融会计的虚拟化趋势越来越明显。电子商务的在线交易通过一个虚拟网络实现。这种交易是网络会计虚拟模式，这是一个模糊的状态。通过虚拟化的网络模型、企业经济实现新业务的控制。虚拟电子商务网络会计实体由信息用户管理。随着市场的变化，信息平台的变化，各种会计数据信息也发生了变化。但是，在线电子商务的会计决策没有明确的物理经济单元，这导致决策行动者的空缺。财务会计工作的艺术价值更明显，而且很容易根据信息处理过程中出现的问题来判断责任人。信息审查工作的难度，不利于保持会计信息审查的真实性，不利于我国各类会计工作的顺利发展。

（二）财务会计风险被放大

在互联网商业快速发展的背景下，会计实体逐渐转变为虚拟化，从传统的纸质合同开始到建立虚拟的网络交易模式。目前我国大多数企业已经开始实施无纸化电子贸易合作，关于合同的签订、交易条款的谈判、交易信息的处理等都是通过修改网络的沟通和协商来完成的。网络化和无纸化交易过程是网络化和无纸化贸易金融后处理的直接结果，作为一个虚拟的金融交易处理程序，导致对电子数据处理安全的财务会计产生怀疑，对各种电子合同、电子交易信息、财务数据，以及其他电子存档，如何确保安全已成为一个重要的问题。大多数商业交易会计数据只能存储在硬盘或可移动硬盘中，存储的安全性仍有待提高。互联网电子科技也表现出交易的便捷性和两面性，在提供交易便利的同时也增加了信息数据的损失和泄露的风险，如何加快电子会计财务信息数据处理和存储安全性成为当下会计发展的重要问题。

（三）财务会计监管系统不够健全

近年来，我国在财务监管方面还不够完善，针对企业的财务监督制度也还不够完善。因此，相关行政部门要完善财务管理监控体系，应充分重视财务管理监控体系的发展，使之符合现代金融发展的趋势，符合现代社会发展的趋势，有效避免财务管理中出现的问题。

（四）财务会计人员专业素质水平不高

除上述问题外，部分财务人员的专业素质较低也是影响我国金融核算进展的一个因素。根据相关的社会调查，目前一些社会企业财务人员招聘制度并不严谨。而随着社会经济的快速发展，财务会计人员队伍，无论是知识结构还是专业知识储备都应与当代企业财务发展的需要保持一致，缺乏专业工作能力阻碍企业财务工作的正常有效开展。

三、现代财务会计发展趋势与对策

（一）强化对会计虚拟化的监管

现代网络技术的发展和应用，使得财务会计有了一点虚拟性，会计信息使用者的多样化对会计信息的效率、质量和成本控制提出了更高的要求。随着我国互联网以及信息技术的发展，财务会计虚拟化的监管在企业未来的发展中发挥着越来越重要的作用。互联网时代背景下的会计职能、监管建设，只符合网络发展趋势，应加强会计信息化建设，满足不同监管机构和会计信息用户的需求。促进企业内部控制，提升管理能力等，使企业在市场乃至全世界都有竞争优势。

（二）强化财务会计网络风险管理

确保互联网安全建设的有效性，对于电子商务环境下财务会计的转型与发展至关重要。为了充分了解我国电子商务的快速高效发展，网络技术已经成为一个重要的保证因素。网络财务会计的发展需要改进企业会计信息软件的应用。具有完整功能和稳定性的互联网金融软件，可以提高财务数据信息网络化处理的有效性。在互联网时代发展的背景下，我国网络会计的整体财务会计水平也在不断提高。在电子商务的背景下，为了满足财务会计的转型和发展的需求，我们应该建立一个符合企业发展需求的数据库并拥有更多的全面数据信息。通过创建大型数据库，各种财务数据信息的处理可以更加方便和快速。首先，财务会计与管理会计的转变，在最初的工作阶段，必须提高和完善工作系统，在相关的项目和工作系统中，人员的位置将会有更多的风险，这是必要的，必须制订一个完美的转型计划来确保转变的顺利过渡并减少传统设置的缺陷，这样，以后的工作就可以按照正确的路线进行。

（三）完善财务会计管理体系

随着我国当代财务会计工作分工明确化，企业本身的财务监控管理系统的完善是当今我国企业发展的必然趋势。为了确保企业财务管理的科学性、严谨性、可实施性，对企业管理制度的改进是不可或缺的，这可以有效地避免企业的财务损失以及财务工作带来的财产损失。加强电子商务财务管理网络的建设首先要扩大信息流的范围。增加财务信息和数据的流通和共享，将支持企业更新数据信息。应针对主要网络平台的特性建立目标网络系统，并逐步实现网络会计和实体财务会计的整合。一方面提高企业的防范机制，提高企业的预防机制，是提高企业内部控制制度的重要组成部分。建立企业预防机制可以提高企业对资金运行的控制能力、了解资金的风险，最终可以提高企业资金使用的效率。另一方面，有必要完善会计反馈控制制度，主要涉及企业内部经济活动的监测。及时有效地监控，确保及时发现问题，及时纠正预算偏差，能有效控制投资的成本。及时发现财务会计工作的问题，及时调整工作内容，定期考核财务会计决算，实施奖惩制度，以有效提高财务会计最终工作的质量。

（四）提高财务会计工作人员的专业水平

重视财务相关工作人员的专业技能培养，提高财务工作者的整体工作水平，加强财务工作者在财务专业方面的学习和创新思维能力。首先，企业从自身出发，加强针对信息技术培训，为那些有丰富金融经验的人员提高信息技术的培训强度。同时，公司可以开展移动训练机制，向外输送财务管理人员培训模式，这样做的好处是让财务管理人员更全面、更快、更好地了解财务政策，加强相关基础知识和计算机技术的培训，使他们会利用相关财务模型处理财务问题，使财务工作更加方便。其次，企业需要制定财务管理人员引入机制，制定系列的福利政策以确保企业能够引入复合型金融管理人才。通过引进财务管理人才，可以更好地促进企业的健康发展，提高企业的整体竞争力。需要注意的是，要对引进的复合型财务管理人员进行财务管理培训，并将经验传给他们，以便他们能更好地融入工作中。企业要做到这两种措施，使相关计划战略更具针对性和可操作性，为公司的长期发展提供强大动力。

物联网技术、人工智能等高科技的出现和应用发展对财务会计产生了一定的影响。本节对现代财务会计的发展趋势进行了研究，并根据当前财务会计发展存在的缺陷进行了分析，对金融会计的当前状况进行了讨论，利用现代会计财务发展知识的实际使用情况，提出了建议，主要为加强会计虚拟化的监督，提高财务会计网络建设的安全性，完善财务会计管理制度，完善财务会计人员的专业标准。

第二节　财务会计目标定位

要解决财务会计目标中存在的问题，可以采用完善财务会计管理结构、减少企业管理熵值等方式。为了促进财务会计目标的全面发展，合理的方法可以提高工作效率，降低工作成本。

随着国家社会主义市场经济不断发展，企业改革不断深入，国有企业作为国家经济发展的核心关键，必须进行全面的改革。财务会计是提高企业合作能力的关键，也是保证企业全面发展的基础，因此，国有企业必须全面提高企业财务管理能力和会计核算工作，以此有效解决国有企业在发展过程中存在的财务经济问题，推动国有企业实现全面可持续发展，提高企业社会经济效益，带动国家经济发展。

一、新经济时代下国有企业财务管理工作现状

随着国家经济飞速发展，企业数量不断增加，国有企业在不断地改革发展的工作中，也取得了较大成绩。但是，随着科学技术的发展，知识经济时代到来，大量的外来经济进入本土市场，对本土市场造成了一定的冲击。不仅如此，国内企业之间的竞争也日趋激烈，国有企业想要在这样的经济市场中站稳脚跟，就要进行更深层次的改革。国有企业传统的财务管理方式已经不能满足新时期市场的需求，新经济时代下国有企业财务管理工作的开展也发生了一定的变化，想要对国有企业实现财务会计目标时存在的问题进行分析，首先要明确在当前社会市场背景下，国有企业财务管理工作的现状。互联网经济的全面发展，让云计算、大数据、移动互联网等技术实现了全面的突破和发展，对财务会计管理目标形成了一定的有影响，在大数据时代下，企业的相关财务信息更加透明，国有企业想要得到全面的发展，就必须适应这一变化，财务会计管理工作呈现出多元化的发展趋势，因此财务会计管理目标也必须进行变化。新时期，形成符合时代社会发展的综合目标，并且将知识资本最大化，以此保证经济效益最大化，实现企业利润目标的全面发展。

二、会计目标定位的观点

（一）决策有用观

随着我国市场经济的逐步发展，企业的发展就具有了更多的投资者与债权者，基于这一现状，相应的委托代理关系也会发生相应的变化，主要由单一逐步转向复杂的方向发展，这就意味着企业财务的较为分散的投资者和债权者提供及时准确的企业的经营状况信息资料，主要是为了债权者和投资者做出正确的投资选择。

因此，从资本市场的发展层面而言，会计目标就是对于较为分散的投资者和债权者提供及时的财务发展的信息，这就是决策有用观。制定决策时要考虑未来发展道路的选择，要综合分析未来的投资者与债权者将来的发展情况。只有这样的决策才具有实际的操作性与实用性。

（二）受托责任观

随着公司发展模式的不断变革，企业的发展经营权无法与市价的所有权相结合，这就出现了广泛的委托代理的关系。企业发展的经营权和所有权无法有效结合，这就说明委托代理的实际出现使得企业的委托方主要关注企业发展的自身资本的扩大，受托方主要负责管理和实际资源的利用情况，并将这些情况向委托方报告。委托方依据受托方企业运营的情况，做出整体的评价，然后再根据相应的委托人的实际工作效果决定是否一直聘用。委托代理关系发展的大局势之下，会计主要为了达到委托方对于企业发展的实际进行整体的评估，核心就是企业经营业绩的计算和实际的效果，这就是会计目标的受托责任观。

（三）受托责任观与决策有用观之间的联系

受托责任观和决策有用观的形成都是因为我国企业的经营权与所有权分离，然而受托责任观主要是因为企业的经营权与所有权实行分离，所有权具有实际处分的权利。在完善的经济的发展之下，决策有用观的财务目标成立，主要是通过资本市场与经营者建立了广泛而实际的关系而孕育的，经营者的实际权力得到了扩大，负责企业的生产经营状况，具备相应的企业资产处置的能力，所以投资者就必须通过企业运营的实际资料来进行相应的决策。受托责任观主要是因为企业发展的经营权与所有权实行分离，委托代理关系就显得很明显。所以，决策有用观是在受托责任观的影响之下而形成的，主要反映了市场经济发展的主要发展方向，同时也是经济环境变化的主要表现形式。

三、当前我国财务会计目标的具体构建

（一）企业会计目标的具体定位

基于此原则，财务会计目标首先需要为企业管理层提供企业发展过程中能够良好反映企业发展的经济信息。第一，需要具有提供投资和信贷相关的准确信息，体现出潜在投资人、债权人以及其他有关投资、信贷的关键信息。第二，提供现金流量数据与未来存量的信息，此类信息可以帮助当前和潜在的投资者、债权人评估企业的股利或股息、销售、到期债券或借款清偿等不确定信息。第三，需要提供企业经济资产、财务状况、经营成果与资源分配、使用的具体情况。在此基础上，财务报告还需要将当年的经济计划完成情况、整体资产处于增值或保值阶段等向受托者进行展示。财务报告作为企业经济数据的完整呈现方式，是企业在证券市场上的重要考评条件。相关投资者对于企业报表数据的判断可以直接影响后续企业获得融资的机会。

（二）现代企业制度下的财务会计目标

现代企业制度已成为国内企业在经济发展过程中的必然选择。财务会计的工作目标需要积极地融入现代企业制度中去。作为现代企业制度的关键，法人制是判断企业模式的重要标准。企业法人制度是现代企业制度的主体。在企业法人制度下，投资者与企业的关系被简化为纯粹的委托者与被委托者间的关系。当前我国企业中，上市公司占比较小且上市后企业也不能实现资本的完全流通。因此我国会计的工作目标需要定位在向委托人也就是投资者旅行自身受托责任，为委托人提供所需的相关信息。

综上所述，会计目标并非独立存在于会计行业中，会计目标的制定、实施与会计环境、会计理论、会计职能等有着密切联系。因此，对会计财务目标定位的思考不应局限于某个方面，而应进行多维度、深层次的思考。

第三节　财务会计、权利与财务会计目标

会计主体利益和有关外部利益者二者属于对立统一的关系，也是促进财务会计产生与发展的基本动因。所以，会计信息其质和量都应该是会计主体和生产运用要素每个全能主体在合作对决的过程中一起界定的，财务会计最终的目标就是保证二者在这种合作对决中均获得利益，受委托责任和策略有用学派仅仅重视一

方的利益。本节主要对财务会计、权利与财务会计目标相关问题进行了进一步的论述。

自美国财务会计准则委员会这一财务理念构造发布之后，财务会计理念构造研究就成为财务会计理论的重点内容，建立这个构造的核心是两个思路，一是将财务会计目标当作起点，二是将会计假设当作起点。这就说明，想要建立对于会计标准制定以及实物理解发挥指导作用的财务会计理念构造，一定要先把财务目标的问题解决好。因此，下面将进一步分析财务会计、权利与财务会计目标。

一、会计信息质和量是以会计主体、生产运营条件和外部环境权利主体一起界定的

不一样的权利主体通过相应权利参加会计质和量的界定。对财务会计服务对象来讲，其不仅是对内会计，同时也是对外会计，给会计主体相关的利益者提供必要的会计信息，当前，会计信息外部运用人员包含我国政府部门和债权人以及可能成为债权人的人，还有投资者和可能成为投资者的人，人力资源权利主体其聘用人员等。

通过多次博弈界定会计信息质和量。基于现代社会经济，对于构成会计主体生产运营能力十分有利，获得利益能力生产运营药店以及外部环境全部全能完全分离，任何一种权能主体都按照有关权利参加会计主体利益的配置，针对理性经济人，所有权能主体都能够实现自身利益最大化，将自己的损失降到最低。基于这种利益配置合作对决的过程中，所有权能主体想要得到更多的利益，有两个渠道实现，第一个是会计主体获取利益最多，第二个是让自己方获取最多的利益。

所以，在对会计质和量进行界定的过程中，一定要思考外部利益人员的利益，听取所有外部利益企业的建议，确保外部利益企业总体利益，让其具有科学的获利。并且，这对于会计主体本身也十分有利。因此，在对会计信息的质和量进行界定的时候，一定要对资本市场良好循环有一定的好处，给企业生产经营制造一个优秀的外部环境，始终坚持优胜劣汰这一原则，这样才能完善总体社会资源组合。会计标准制定人员必须对双方的意见进行充分的思考，让双方的利益得到最好的组合，进而实现共赢。

二、财务会计目标界定

（一）确保资本市场正常顺利发展

会计主要利益与有关外部利益者利益是对立统一的，进而促进会计信息不断改进，调节所有全能主体之间的利益，推动社会资源科学的分配。在资本市场不断加快发展的这个时代，社会资源科学分配主要体现在资本所有权的科学组合。所以，目前财务会计的根本目标就是要保证资本市场健全，进而才会提高会计主体由资本市场得到最大资本的概率，进一步扩大生产的规模，对于资本构造进行改善。针对资本市场债权主体来讲，其在短暂摒弃资本应用权利的时候，会计主体一定要让债权主体相信其能够按照规定收回成本与利息的权利能成为现实。因此，会计主体一定要提供和其有关的一系列会计信息。针对会计主体所有权来讲，在所有权与经营权分离这种企业制度条件下，所有权主体在永远摒弃资本使用权的过程中，会计主体一定要让所有权主体相信其资本可以增值，因此，财务会计一定要提供与行业资本增值有关的一系列会计信息，从而给投资人员进行正确的决策提供一定的便利。若财务会计信息无法完成上面的要求，那么资本市场将很难正常稳定地发展下去。

（二）协调会计主体和四周环境

会计主体始终在四周环境当中生存，会计主体想要发展必须调节好与四周环境的关系，所以，财务会计还应该提供和四周环境有关的一系列会计信息，同时这也是社会责任，也是会计受到重视的动因之一。

（三）会计信息价值影响财务目标确定

会计信息对于使用人员的价值多少主要是和专业知识掌握情况和判断能力有着直接的关系，相同的会计信息对于不同层次的使用人员有着相应的价值。财务会计目标在思考会计信息好处的过程中，应该由各种类型的权利主体总体情况当作准则，会计信息价值还有一个思路就是会计信息加工和处置以及揭示花费和制度实施花费的总和与会计信息效果进行比较，按照科斯交易费观点，所有会计信息作用除去社会交易花费应该确保最大利益。

一些学者针对股权结构和企业多元营销关系相关问题的探索，主要有两种观点，两种观点呈对立的状态，一种观点觉得二者之间有着明显的相关性，而另一种观点觉得二者之间没有相关性。而本节觉得股权结构和企业多元营销二者之间是存在着一定的关系的，但最多只是一种相关关系，不可以说成严格的因果关系。也就是不可以当作是股权结构汇集，这一定会造成企业多元化营销程度不高。研究人员对于二者之间关系的研究均是适用计量经济模型对其实施回归分析，这种实证分析的方式对这方面问题理解存在一定的局限。第一，研究人员基于不一样的研究角度选择研究的对象，对象企业处于的外部环境，如文化和市场程度这些都存在巨大的差别，所得到的结果无法表示全部的情况。第二，假设股权结构和企业多元营销二者存在着明显的相关关系，股权结构变化属于企业多远营销改变的原因之一，但是它不是唯一的一个原因，是和别的因素相互协作发挥作用的，造成企业多元营销发生改变。

笔者认为，在外部环境和别的条件都一样的前提条件下，若一家企业治理结构有着良好的效果，那么这家企业多元运营水平会相对较低。站在企业治理产生的历史以及逻辑角度去看，其股权构造和公司多元运营二者有着十分亲密的关系，必须在股权构造具有合理性的前提下，才有可能构成健全的企业治理构造，从而才可以确保企业降低减少股东价值多元化运营。

本节对财务会计和权利与财务会计目标相关问题的进一步阐述，使我们了解到会计主体利益和有关外部利益者二者属于对立统一的关系，也是促进财务会计产生与发展的基本动因。所以，会计信息其质和量都应该是会计主体和生产运用要素每个全能主体在合作对决的过程中一起界定的，财务会计最终的目标就是在保证二者在这种合作对决中均获得利益。因此，希望本节的阐述，能够给财务会计和权利以及财务会计目标方面提供一定的帮助，进而实现双赢。

第四节　财务会计作用探析

在社会经济高速发展背景下，企业也面临着日益激烈的市场竞争，为了更好地适应市场环境变化，对各项经济管理工作的开展也需要给予充分重视。财务会计是经济管理中不可或缺的一部分，不仅是管理的终端工作，也能够帮助企业决策者在做出决定之前，对企业当前的发展情况做出全面分析，确保各项决策的科学、正确性。

财务管理工作是企业整个经营管理内容的核心所在，财会人员在工作中，不仅要对企业财务数据做出妥善处理，还要为企业提供更准确的运营信息，进而在企业经济管理中发挥有效作用。财会人员是企业中的综合性、应用性管理人才，其地位是举足轻重的。因此，在规划、落实各项经济管理工作时，各企业应充分挖掘、利用财会人员的积极作用，以此不断提升经济管理水平。

一、财务会计的职能分析

首先，财务会计是反映职能。作为财务会计最基本、原始的职能，反映职能是随着会计职业的产生而形成的，财务会计通常都会通过确认、记录等环节，将会计主体当前发生、完成的经济活动从数量上反映出来，并为企业管理者提供更精准、完整的经济与财务信息。

其次，财务会计是经管职能。当前，我国很多企业开展的财会工作都停留在算账、保障等层面，难以适应现代企业制度提出的各项要求，因此，要想将财会经营管理职能充分发挥出来，就必须在传统基础上，积极拓展新的领域，构建更完善的财会工作模式，也以此来提升经济建设水平，推动企业健康、稳定发展。

二、财务会计在经济管理中发挥的作用

（一）提供科学完善的预测信息

在市场经济高速发展的背景下，企业要想全面迎合其发展需求，就必须对市场供需情况变化做出深入调查与研究，并在此基础上，制订出科学完善的生产规划、营销方案，不断提升企业产品的市场竞争力。对此，企业需对环境、产品质量，以及市场供需要求和企业宣传等诸多因素做出综合考虑与分析调整，这样才能对企业营销信息做出科学预判，也只有这样才能在产品投产之前，结合产品成本构成制订出最佳的营销、生产方案，真正做到企业经济管理与效益的有机整合，在明确产品价值定位的同时，真正获取最大化的经济效益。

（二）积极发挥会计监督职能

这一职能的发挥主要是指在开展各项企业经济活动中，对财务会计计划、制度做出科学监督与检查，作为一种科学的监督手段，其能够在尽可能减少经济管理漏洞的同时，促进企业经济、社会效益的逐步提升。财务会计可以通过不同渠道来达到这一目标，如可以通过对企业现金流、各项财务工作进行分析与检查，对企业经济做出科学评估等方式，来对企业各项生产经济管理活动、成果做出有效监督。比如，可以通过成本指标来对单位产品的劳动力消耗情况做出全面掌握，或者是结合利润指标来对经济活动成果做出科学评估。

（三）不断提升财会信息质量

会计信息质量的高低对财务会计作用是否能够得到充分发挥有着决定性影响，而会计信息的准确、完整性，也直接影响着企业生产经营的健康发展。就目前来看，原始凭证、企业管理部门及其工作机制，以及相应的会计信息体系的完善程度等诸多方面都会对会计信息质量产生重要影响，对其影响因素的控制主要可以从以下两个方面入手：一方面，要不断加大对发票等一系列原始数据的管理力度，营造良好的管理秩序。同时，还应充分重视《会计法》等财会法律法规的认真落实，并结合实际情况，制定出科学有效的执行方法，以此来确保财会人员的合法权益能够得到有力维护，为其各项工作的高效有序开展提供有力支持。另一方面，应不断加大会计信息系统的建设力度，优化相应工作机制。同时，企业还应积极挖掘、整合社会各界的监督力量来科学管控会计信息质量，以此来促进其信息质量的不断提升。

（四）不断加强财会人才培养

人才一直都是企业经营管理发展最根本的动力，而在经济管理中，要想将财务会计的积极作用充分发挥出来，就必须注重高素质、综合型人才的培养与引进，以此来为企业的创新发展提供有力的人才支持。

在知识信息时代高速发展的背景下，各行业人才的综合素质也随之在不断提升，尤其是财会人才在企业发展中有着举足轻重的地位，相对于物质资源来讲，人力资源具有的社会价值更高，因此，在经济管理中，对于财务人才综合素养的提升，以及人力配置的进一步优化应给予足够重视，并结合社会发展需求，经济引进高品质的专业人才，以此来不断提升企业综合竞争实力。

综上所述，不论对于哪一行业来讲，财务会计占据的地位都是至关重要的，在为企业管理层提供的相关经济信息，对各项决策工作的开展有着不可忽视的影响。财务会计对经济管理活动的规划，以及经济效益的提升都发挥着积极的促进作用。因此，各企业需要充分重视对财会人才的培养与引进，充分挖掘与利用相关资源，以确保财务会计的重要价值能够在经济管理中得到充分发挥。

第五节　财务会计的信任功能

财务会计能够在代理人与委托人之间建立信任机制，通过财务会计信息能够增进双方的信任；作为一个完善的信任机制，通常会将财务会计与其他的信任机制联系起来，本节将通过建立初步的分析框架，进一步分析各种理论制度对财务会计的影响，并梳理财务会计中的一些争论。

在委托与代理信息不对称的情况下，财务会计信息能够在一定程度上解决信息不对称的问题，财务会计信息也因此在资本市场发挥着重要的作用。财务会计信息中关于投资项目的准确详尽信息有助于投资者做出正确的判断，并相应地做出正确的投资决策，这一作用通常被称为财务会计信息的投资有用性或者是定价功能。另外，在代理人与委托人建立委托代理关系后，委托人可以要求代理人提供相关的财务会计信息，以助于委托人的财产安全评估，并以此来约束代理人，财务会计信息的这一功能被称作契约有用性或是治理功能。因此，不难看出财务会计信息功能不仅能在一定程度上解决信息不对称的问题，还能够实现定价与治理的功能，这已经在大量研究中被证实了。

然而财务会计为何会有信任功能仍然不够清晰明了，只是结论性地认为财务会计具备信任功能。在探讨财务会计的信任功能时，可以从多方面的问题入手，如财务会计为何具备信任功能，外部因素对财务会计的影响以及制度对财务会计的影响等等。

一、财务会计信任功能的概念及理论基础

财务会计的信任功能，重点在于财务会计和信任两个核心。财务会计属于企业会计的一个分支，通常是指通过对企业已经完成的资金运动进行全面系统的核算与监督，为外部与企业有经济利害关系的投资人、债权人以及政府有关部门提供相关的企业财务状况与盈利能力等经济信息的经济管理活动；显然财务会计不仅仅是指产出结果，还包括产出过程，对交易事项进行特定处理后经过外部审计才能成为公开信息，这一最终信息被称为财务会计信息，在现代企业中，财务会计还是一项重要的基础性工作，为企业的决策提供重要的相关信息，提高了企业的经济效益，促进市场经济的健康有序发展。

信任是一个抽象且复杂的概念，涉及范围广泛，且通常被用作动词，信任总是设计信任主体以及被信任的客体，由主体决定是否信任客体。然而在实际过程中，主体决定是否信任客体的条件无法控制，只能单方面期待客体有能力且遵守约定为主体服务。因此本节中的信任只包括主体、客体、能力以及意愿，具体情况就是主体信任客体有能力且有意愿为主体服务的过程，这便是本节的信任功能，并不是单指一个心理状态。

信息不对称问题是委托代理关系中必然会出现的问题，信息不对称作为一个

普遍存在的问题，通常会导致逆向选择问题以及道德风险问题，其中多为代理人的不诚信或是委托人不信任代理人，因此，财务会计信息的有效性能够在一定程度上解决信息不对称的问题，也能够看出信任才是代理委托关系以及信息不对称这两者的实质性问题。而在代理委托关系下，委托人对代理人不信任是很正常的，委托人作为主体，承担着委托代理关系中的绝大部分风险，故而委托人有理由不去信任代理人，因为委托人无法确认代理人是否有能力且有意愿为自己服务；由于代理人的不诚实以及委托人的不信任才会造成信息的不对称，最终导致事前的逆向选择以及事后的道德风险问题，这时财务会计信息就能够发挥其定价以及治理的功能了，所以，从本质上来说，财务会计解决的根本问题是委托者对代理人不信任的问题。

财务会计信息作为财务信息处理的流程性记录，在一定程度上具有某些预测价值，能够减轻代理人行为上的不可预测性，加深了委托人对代理人的信任程度。同时，财务会计信息还能够作为评估代理人能力的参考信息，让委托人对代理人的能力有所了解，以此增加委托人对代理人的信任程度，而且财务会计信息注重分析代理人的能力与委托人利益变化的关系，更为有力地证明了代理人的实际能力。

在委托人与代理人的信任关系中，完全寄希望于代理人自发的意愿为委托人服务也是不切实际的想法，也无法形成强制性的措施，对此可以通过制定对财务会计信息要求的规定使委托人能有一种主动制约代理人的能力，使委托人对代理人的控制建立在明确的基础之上，在增强委托人控制能力的同时，还增进了委托人对代理人的信任。契约签订也是约束代理人为委托人的利益服务的重要手段，行之有效的契约使得代理人不得不在实际行动上有利于委托人。

二、财务会计信息中信任制度理论的应用

制度的作用通常是约束代理人的行为，可以针对代理人损害委托人利益的行为做出适当的惩罚，这种惩罚性致使代理人不得不向委托人提供真实的财务会计信息；同时还约束着代理人的行为，促使代理人不敢侵害委托人的利益，因此，

制度的制定也能够提升委托者对代理人的信任。

上文还提到了财务会计信息的定价功能与治理功能。在实际应用中，财务会计信息的定价功能体现在委托者能够通过财务会计信息，大致了解代理人的能力，评估代理人能力的强弱，从而针对代理人能力给出一定程度的信任度；而财务会计信息的治理功能便是通过契约条款来约束代理人，致使代理人在实际行动中做出有益于委托者的行为，在财务会计信息的治理功能中，会计信息是作为必要条款而存在的。

综上，我们大致能够得出这样的结论：针对会计信息的制度可以提高会计信息的定价功能，而针对代理人的制度可能会降低会计信息的治理功能。当然，尽管我们可以在理论上做出上述分析，但是也必须看到，现实当中不同针对性的制度是同时出现的，难以将它们的影响区分开来，这也正是经验研究得出不一致结论的原因。

本节从委托人和代理人的社会关系出发，对委托代理的信任关系及信息不对称问题进行了分析，从信任的角度出发研究了财务会计的模糊问题。财务会计应构建更加完善的信任机制，利用财务会计的信任功能理论提高财务会计理论的解释力和预测力，丰富和推进现有财务会计理论发展。

第六节 财务会计与税务会计的差异和协调

随着会计准则和税务制度的不断深化与完善，财务会计与税务会计的差异日益明显，鉴于两者在经济管理中的重要地位，处理好两者的关系是处理企业、国家、社会之间利益的重中之重，协调和完善财务会计与税务会计的关系刻不容缓。笔者针对财务会计与税务会计两者的差异及其产生原因进行了研究分析，并在此基础上，提出协调财务会计与税务会计差异的对策，为在实际工作中的企业和公司提供借鉴和帮助，让其更科学更稳健地开展实务工作。

财务会计与税务会计既相互关联又有一定的差异，这并不仅仅发生在我国，它普遍存在于各个国家。财务会计是指对企业的资金和财务状况进行全面监督与系统核算，以提供企业的盈利能力与财务水平等经济信息为目标而进行的经济管理活动。财务会计依照相关的会计制度和程序，为有涉及利益关系的债权人、投资人提供相关的资金信息；财务会计不仅在企业运作中起着基础性的作用，而且对企业的管理和发展有重要的促进作用。所谓的税务会计是指，根据会计学有关内容和理论，对纳税人应纳税款的形成、申报、缴纳进行综合反映和监管，确保纳税活动的全面落实，让纳税人员自觉根据税法规定，进行税务缴纳的一项专业会计学科。税务会计是进行税务筹划、税金核算和纳税申报的一种会计系统。通常人们认为税务会计是财务会计和管理会计的自然延伸，而自然延伸的基本条件是税收法规逐渐趋于复杂化。目前，受各种因素的影响，大部分企业中的税务会计不能在财务会计和管理会计中分离出来，导致税务会计无法形成相对独立的会计系统。但财务会计和税务会计都是我国会计体系的重要组成部分，两者既有关联又有差别，具有一定的差异性和相似性。两者都是在符合国家法律和规章制度的基础上对经济利益进行保护的，并且为企业的客观财务信息提供支持，保证企业管理人员可以得到正确真实的财务信息。重视财务会计与税务会计之间的差异，并强化两者的差异协调，能够促使企业提高管理水平，进而实现整体经济效益的迅速发展。

一、财务会计与税务会计差异产生的原因分析

在新《企业所得税法》和《企业会计制度》的实施下，财务会计与税务会计在会计目标和核算范围等方面都出现了新的差异，在我国经济快速发展以及会计制度的一系列改革的促动下，财务会计与税务会计的差异越来越大。一方面，财务会计的核算流程、方式、内容都是依照财务会计的准则进行的，财务会计制度的重点是努力实现企业财务和经济的标准化，提供经济利益保障。而税务会计的核算流程、方式、内容是依照税务会计的规定进行的，税务会计的重点是遵照国家税法的标准对纳税人进行征税，两者在本质上存在差异。当今，财会体系在形成中不断发展，特别是国家开展了财务领域的相关革新活动，使得财务会计领域的相关体系与准则和税法之间开始出现隔阂和距离。另一方面，许多单位的所有

制也表现出多种样式，经济体制的逐渐改变也是导致两者产生差异的重要原因，它带动了所得税的变化，使得税务会计与财务会计的差异日益明显。

二、财务会计与税务会计的差异分析

由于传统的经济管理体制不能适应社会的发展，随着税务职能的深入和渗透，财务会计与税务会计之间的差异日益凸显，两者在会计目标、核算对象、核算依据、稳健态度、会计等式和会计要素等方面都出现了明显的差异，下面对财务会计和税务会计两者的差异进行分析比较，从而为两者之间的协调提供更大的发展空间。

（一）会计目标的差异分析

会计目标是会计的重要组成部分，是会计理论体系的基础，其在特定情况下，会因受到客观存在的经济、社会现状以及政治方面的影响而变化，对财务会计和税务会计所表现的会计目标差异进行分析具有重要的意义。

1.基于财务会计的会计目标

财务会计要求从业人员依法编制完整、合法、真实的对外报告和会计报表来反映企业财务状况与经营成果，为管理部门和相关人员提供对决策有用的会计信息。财务会计目标在企业会计制度系统和财务会计系统中有着举足轻重的作用，是制定各种法则和规范会计制度的重要因素。一般来说，财务会计目标分为决策有用观和受托责任观。决策有用观是指信息使用人员要确立正确的财务会计目标，为管理层提供做出决策有用的信息。受托责任观是指如实反映受托责任在进行的状况。另外，财务会计的目标是以记录和核算所有经济业务的情况为基础，编制资产负债表、利润表、现金流量表和附表，向财务报告使用人员提供相应的企业经营成果、财务状况与现金流量状况等有关的会计信息，对企业的管理层所托付的任务履行情况进行真实的反映，使领导层能够根据相关财务报告做出更加正确、合理的经济决策。

2.基于税务会计的会计目标

税务会计是商品经济阶段发展到市场经济阶段的必然产物，税务会计一方面以遵守税法的相关规定为基本目标，进行正确合理的计税、纳税和退税等操作，以实现降低成本的目的，使税务会计主体可以获得较大程度的税收收益。税务会计再通过向税务和海关部门纳税申报，将纳税信息提供给信息使用人员，帮助税务部门更加方便地征收税款。另一方面税务会计将有利于做决策的相关信息提供给税务管理部门和纳税企业管理部门；为了税务管理部门和纳税企业管理部门能更加正确地进行税务决策，也可以通过整合和运用高层相关人员所提供的相关信息，得到合理的决策方案，获取更大利润收益。

（二）核算对象的差异分析

会计核算是指以货币为主要计量单位，对企业、事业、机关等有关单位的资金和经济信息利用情况进行记账。会计核算范围分为会计实践范围和会计空间范围；会计的时间范围，是指会计分期，通常会计从时间上来看，是根据一个年度来划分范围的。会计的空间范围，是指会计主体，实际上就是一个企业。另外，会计核算的范围从空间上来看，它只核算本企业的经济业务。财务会计与税务会计两者的核算对象存在着明显差异，财务会计核算对象表现是通过货币来反映资金运动过程，而税务会计核算对象是通过税负来反映相关的资金运动过程。分析财务会计和税务会计核算对象之间的差异，对企业的业务操作与制度改进具有一定的参考价值和借鉴价值。

1.财务会计的核算对象

财务会计通过货币计量，对相关企业所有的有关经济事项进行核算，为投资人和债务人等利益相关人员进行服务，财务会计的核算对象是可以用货币表现的全部资金活动过程，需要通过财务会计对有关资金状况进行核算。相关资金活动过程不仅可以在一定程度上反映有关企业的相关财务状况，而且可以反映企业一些资金的变动和经营情况。将资金的投入、周转和循环、退出等过程作为核算的范围也可以满足投资人员、经营管理人员、企业和国家的经济管理需求。总体上，财务会计的核算对象所涉的范围要比税务会计更加广泛。

2. 税务会计的核算对象

税务会计是对纳税人的与税收变动相关的经济事项进行核算，税务会计核算的对象仅仅是与企业税负有关的资金运动，包括财务会计中有关税款的核算、申报等内容，与税收没有关系的业务不需要进行核算，也反映出税务会计的核算对象是受纳税所影响而引发的税款计算、补退以及缴纳等相关经济活动的资金运动。而且税务会计的核算范围和财务会计的核算范围还存在着一定的差异，具体表现在税收减免、纳税申报、收益分配以及经营收入等和纳税相关的经济活动，相对来说税务会计涉及的范围比较小。

（三）核算依据的差异分析

财务会计和税务会计的核算依据有着明显的差异，财务会计的核算依据是按照企业会计准则和制度开展和组织活动，其核算的原则和方法都是来自企业会计准则。而且企业会计准则会因为行业不同而存在一定的差异，具有一定的灵活性。再者，根据企业会计准则和相关制度的有关要求和规定对会计核算进行组织和进行真实的企业财务活动记录，并且提供有用的会计信息，协助企业经营和管理。其中依据会计准则就是要对外提供真实相关的具有高质量的财务报告，一方面要针对相关的资源管理和使用情况向企业管理层做出真实的反映；另一方面为财务报告使用人员提供正确合理的信息，帮助管理层做出正确的决策，对企业会计核算的一些不恰当行为进行规范。税务会计的核算依据是税收法规，核算原则和方法来自税法，税法具有强制性和无偿性、高度的统一性，用于规范国家征税主体和纳税主体的行为，从业人员要遵循税法的宗旨和规定进行核算，然后按照税法的规定对所得税额进行计算总结，并且向税务部门进行申报。税务会计核算要恪守法律规定，遵守国家对纳税人相关缴税行为的规定，目的是保证可以足额地征收企业税款，以满足政府公共支出的需求，以及在国家和纳税人之间的财富分配。

（四）核算原则的差异分析

财务会计运用权责发生制作为核算原则，税务会计是在权责发生制基础上，运用收付实现制对其进行调整的。权责发生制和收付实现制对于同一笔经济业务的处理时间和处理原则不同，导致两者在入账时间及入账金额方面可能不一致。

（五）稳健态度的差异分析

会计稳健性原则是在会计核算中经常运用的一项重要原则，国家通过发布《企业会计制度》和具体会计准则充分体现了这一原则，对企业会计核算有重要的指导作用。稳健性原则是指当一些相关企业遇到没有把握或者不能确定的业务时，在处理过程中应该要保持谨慎严谨的态度，可以记录一些具有预见性的损失和费用，并且加以确认。财务会计的稳健态度表现在：对企业可能造成的损失和费用进行预计和充分考虑，不去预计企业可能发生的收入，让会计报表可以更加准确地反映企业所发生的财务状况以及经营成果，避免让报表使用人员误解或者错读报表信息。而税务会计的稳健态度表现在：它不会预计未来可能发生的损失和费用，而只对一些已有客观证据并且可能在未来发生的费用才进行预计，比如坏账计提，其具有一定的客观性。在市场经济的发展态势下，不可规避风险是很多企业不可避免的问题。在面对问题时，应该积极应对、坚持审慎严谨的原则，在风险实际出现之前做到未雨绸缪，防范风险，并化解风险，这样既对企业做出正确和合理的决策有促进作用，也间接地提高了企业对债权人利益的保障能力，进而使企业在市场上有更加强劲的竞争力。

（六）会计等式和会计要素的差异分析

会计要素是反映会计主体相关财务状况的基本单位，通过对会计对象进行基本分类而形成。财务会计有六个要素，包括资产、负债、所有者权益、收入、费用、利润，这六个要素存在联系也有区别，是会计对象具体化的反映，财务会计围绕着这六大要素来反映发生的内容和业务，它构成的会计等式为"资产＝负债＋所有者权益"，这是编制资产负债表时要满足的原则。"收入－费用＝利润"，这是编制利润表时要满足的原则。税务会计有四大要素，包括应税收入、扣税费用、纳税所得和应纳税额，其中应纳税额是核心，其他三个要素为应纳税额的计算提供了前提条件。另外，这四个要素和企业应交税款关系密切，税法的应税收入可能与会计上的收入和费用会有所差异，在编制纳税申报表时，税务会计的四个要素构成了以下等式："应税收入－扣除费用＝纳税所得额""应纳税额＝应纳税所得额×税率"，通过以上等式来更加具体地反映计税过程。

三、财务会计与税务会计的协调分析

在财务会计和税务会计的协调发展问题上，首先要明确两者之间的关系，这样才能在社会不断发展的过程中协调好两者的关系，避免出现方法不统一、关系严重不协调的现象，要做好财务政策与税收政策、会计政策之间的协调工作，强化会计处理方面的协调性，加强规范性。其次放宽税法对会计的限制，加强税收法律和会计制度的适应性，重视两者的协调工作。最后重视人才培养和信息披露，不断提高工作人员的整体素质，加强工作人员的从业学习能力，也要加强对信息的充分披露，确保会计信息能够全面、准确、充分地披露。处理好财务会计和税务会计的协调性，使两者之间政策的一致性得以保障，尽最大的可能减少差异，这不仅可以促使国家经济的持续发展，为企业科学管理奠定基础，还可以保证会计信息的真实合理，促进企业效益得到有效的保障，从而实现企业价值最大化和效益最大化的管理目标。

（一）强化会计处理方面的协调

首先在会计处理方面，财务会计的核算在按照税法规定的同时也要联系相关的会计原则。税务会计可以将相关的税收理论转变成税法学的相关概念、原理和基础，使其能进一步和相关会计原理与准则相结合，并且借助会计方法，反映企业的应纳税额。税务会计要植根于财务会计，财务会计是税务会计的前提。其次需要统一会计核算基础，税收采用的是收付实现制，它虽然在操作方面比较便捷简单，有利于税收保全，可是会使应纳税所得额与会计利润之间产生差异，不能体现出税收公平的原则，既不符合收入和费用相匹配的会计原则，也不符合会计可比性信息质量的相关要求。所以在税务会计处理方面应该以权责发生制为基础进行计量，尽量减少税收会计和财务会计之间的差异，体现出税收的公平；同时还要重视会计处理的规范化，财务会计制度和税收法律要体现在具体的工作中，会计制度要与税收制度相互协作，保障企业会计业务的规范化，根据会计理论和方法对税务会计理论体系进行完善，实现财务会计和税务会计的紧密联系。要完善和规范会计制度，加强会计制度和税收的协调管理，相关政府部门需要加大对税务会计理论体系构建和完善的力度，加快税务会计的理论体系构建，将税收学科合理地应用于税收体系的构建当中，强化会计处理有利于我国税务会计学科的发展，为更好地完善财务会计制度奠定基础。同时也有利于会计制度和税收法律制度在管理层面相结合，可以为财务会计和税务会计两者在企业上的协调发展做出贡献。

（二）放宽税法对会计的限制

一方面，税法应该适当地、有限度地放宽企业对风险的评估，这样既能保证企业的抗风险能力，也不会对税基造成损害，放宽税法对会计方法选择的限制有利于提高会计政策的灵活性，从而促进企业创新技术和增强竞争能力。税法可以规定在企业发生会计政策变更时，要通过税务机关的批准和备案，并且针对变更会计政策做出相应的规范方案，防止偷税漏税。另一方面，要强化会计制度和税收法规的适应性。由于财务会计是建立在相关会计制度和规章的基础上的，而税收会计是建立在税收法律基础上的，两者的原则不同。因此，要更加重视税法和会计制度之间的适应性，会计制度要重视和关注税法监管的相关信息需求，实现和加大会计对于税法和税收规章的信息支持效果，而税法也要积极提高对会计制度协调性的执行力度，在税收征管中与会计制度进行磨合，增强两者的协调性，这样既有利于财务会计和税务会计的合理协调，也可以推动企业和国家的经济发展。

（三）重视人才培养与信息披露

当前，由于部分企业的财务人员和税务人员掌握的专业知识和理论都属于财务和税务分离的知识结构，甚至有一些工作人员只掌握了其中一小部分的知识，这样不仅阻碍了企业的发展，还限制了财务会计和税务会计的合理开展，所以企业要重视和加强企业财务人员对财务会计和税务会计的学习，增加其协调性。另外财务会计人员在进行会计工作的时候，要以《企业会计准则》为基准，遵守财经法规等职业道德，不断提升自己的专业学习能力、巩固专业知识、提高自己的素质等，保障企业的会计信息的客观真实、健全完整。同时，当前企业会计准则对企业披露信息要求比较低，导致披露不足，增加税务机关监管和征缴税款的难度，使得债权人不能充分了解和掌握企业有关税款征收的信息。针对现阶段的会计制度和对企业会计信息的披露制度不完善现象，努力加强政策宣传与会计信息披露，无论是税务部门还是财务部门都应该在宣传方面加大力度，提高对政策宣传的支持力度，保证能够把财务会计和税务会计的相关内容纳入宣传工作范围，从而提高会计制度和税收法律协调的效率。另外，应该保障会计报表的公开性和保证会计必要信息的完整披露，确保会计信息能够更加全面、更加准确、更加充分地披露，从而促进财务会计和税务会计的协调发展。

第二章 会计的基本概述

第一节 会计理论的定位与作用

一、会计理论的定位

财务会计理论是从会计实践中产生的，在历史的变迁中不断演化形成了现代财务会计的理论框架。研究财务会计理论对于理解今天的财务会计实务以及预测未来都具有重要的意义。

"理论"一词，按照《韦氏新国际辞典》的解释，是"一套紧密相连的假定性的、概念性的和实用性的原理的整体，构成了对所要探索领域的可供参考的一般框架。"

我国《辞海》对"理论"的释义是：概念、原理的体系，是系统化了的理性认识。从学术研究的角度看，"理论"是实践中概括出来的关于自然和社会知识的科学且系统的结论。

对于自然科学而言，"理论"往往体现为定理、推论或命题，而且随着实验者进行实验的结果不同而不断发展和完善，最终达到约束条件下的"广泛可接受性"，所以自然科学的理论较为精确，获得了"硬科学"的赞誉。而对于社会科学来说，"理论"的普遍认可度大大降低，根本原因是社会科学领域的理论难以直接进行检验。以经济学为例，有主流经济学与非主流经济学之分。就管理学而言，所谓理论往往来自一些个案的经验，有时难以取得共识，众说纷纭。作为经济学和管理学的下游，会计学领域的会计理论同样具有多样化的特征。

关于会计理论的概念，不同的会计学者和组织有着不同的解释。

1966 年美国会计学会在发表的《基本会计理论说明书》中将会计理论定义为"前后一致地将假定性的、概念性的和实用性的原理的整体，构成对所要探索领域的可供参考的一般框架"。与此同时，提出了会计理论研究的四项目的：

（1）确定会计的范围，以便定义会计的概念并有可能发展会计的理论；

（2）建立会计准则来判断、评价框架信息；

（3）指明会计实务中有可能改进的某些方面；

（4）为会计研究人员寻求扩大会计应用范围以及由于社会发展的需要扩展会计学科的范围，提供一个有用的基本框架。

这一定义，强调了会计理论的构成内容及其体系问题。

英国会计学教授麦克·哈卫和弗莱德·克尔合著的《财务会计理论与准则》中认为："会计理论可以定义为：一套前后一贯的概念性、假设性和实用性主张，用于解释和指导会计师确认、计量和传输经济信息的行为。"

美国会计学家莫斯特在其《会计理论》中描述："理论是对一系列现象的规则和原则的系统描述，它可视为组织概念、解释现象和预测行为的框架。会计理论由对来自会计实务的原则和方法程序的系统描述组成。"

1977 年，美国会计学家亨德里克森在《会计理论》（1992）中发表论著，他认为："会计理论可以定义为一套逻辑严密的原则，它：（1）使实务工作者、投资人、经理和学生更好地了解当前的会计实务；（2）提供评估当前会计实务的概念框架；（3）指导新的实务和程序的建立。会计理论可用来说明现行实务，以获得对它们的最好理解。"这里强调的是，会计理论的表现形式是会计原则。

1986 年，瓦茨和齐默尔曼在《实证会计理论》中，从实证会计研究方法的认识角度，对会计理论做了如下解释："会计理论的目标是解释和预测会计实务""解释是指为观察到的实务提供理由""预测是指会计理论应能够预计未观察到的会计现象""包括那些已经发生但尚未搜集到系统证据的现象"。他们倡导的理论研究限于对"是什么"和"将会是什么"的解释，较少涉及"应当如何"的逻辑演绎领域。

2000 年，艾哈迈德·里亚希 - 贝克奥伊在《会计理论》中提出，理论可以被定义为"以解释和预测会计现象为目标，通过辨别变量之间关系来系统反映现象的系统观点的一套相互联系的概念、定义、命题。"这种观点与亨德里克森的极为相似，也是主要强调会计理论的构成内容，即认为"会计理论"应当是一套系统的原则或者互为关联的概念、定义所构成的体系。

2004 年，亨利·沃尔克等在《会计理论》（第六版）中指出"会计理论"可被定义为"用于起草会计准则的基本规则、定义、原则和概念，以及它们的由来。站在实用主义的角度，会计理论的目的在于改进财务会计和财务报告"。这一观点是对会计理论功能的直接表述。

美国财务会计准则委员会（FASB）指出，财务会计概念框架（Conceptual Framework of Framework of Financial Accounting，简称 CF），是由相互关联的目标和基本概念所组成的逻辑一致的体系，这些目标和基本概念可用来引导首尾一贯的准则，并对财务报告的性质、作用和局限性做出规定。财务会计概念框架，实际上就是对财务会计基本理论的一种特定表述。现在大多数人认为，会计理论主要是指财务会计概念框架，它主要包括会计目标、会计假设、会计概念和会计准则，是一个旨在探索会计本质的总体性参考框架。

葛家澍在其著作《市场经济下会计基本理论与方法研究》（1996）中指出，财务会计理论是来自财务会计实务，高于会计实务，反过来又可以指导会计实务的一套规范性的概念框架。它的任务在于解释、预测并指导财务会计实务。需要说明的是，会计理论范围有广义和狭义之分，广义的会计理论包括财务会计理论、管理会计理论和审计理论，本书研究的是狭义的财务会计理论。

研究会计理论就要科学地界定会计的概念，合理地确定会计的范围，以进一步发展会计理论，指导会计实践，并不断改进会计实务，为会计信息使用者提供信息，为会计研究人员扩大会计应用范围提供有用的框架。

二、会计理论的功能

由于理论是对现实的抽象和简化，而现实世界不但错综复杂且日新月异，因此完美无缺的会计理论实际上是不存在的。人们对会计理论加以选择的一个重要标准就是会计理论所能解释和预测会计实务的范围及其对使用者的改进。

对会计理论的作用或功能的认识，有两种不同的观点，其中规范会计研究者认为会计理论的作用在于解释、预测和指导会计实务；而实证研究者认为理论的作用仅限于解释和预测。

规范研究学派的观点可以从美国会计学会对会计理论研究的目的中发现：

（1）确定会计的范围，以便定义会计的概念，并有可能发展会计理论；

（2）建立会计准则来判断评价会计信息；

（3）指明会计实务中有可能改进的某些方面；

（4）为会计研究人员寻求扩大会计应用范围以及由于社会发展的需要扩展会计学科范围时提供一个有用的框架。

实证研究对会计理论的认识，在瓦茨和齐默尔曼所著的《会计理论的供求：一个借口市场》中集中体现为三个方面：

（1）教学需要。通常不同的会计政策会产生不同的经济后果，为了降低企业的代理成本，需要设计不同的会计政策和会计程序，但是，程序的多样化会导致技术、格式上的不一致，增加了教学的难度，因此理论工作者往往从评价和检查现存的会计系统中总结不同程序的相似性和差别来发展会计理论。

（2）信息需要。会计理论的作用不限于对会计实务的解释和描述，还包括预测会计程序对不同利益相关者的影响。例如，在审计契约中，注册会计师往往需要会计理论去对不同的会计程序可能导致的代理成本、审计风险以及诉讼可能性进行评估。

（3）辩解需要。按照代理理论，委托方和代理方的目标函数往往并不一致，前者以追求利润为首要目的，而后者除了希望公司货币收益最大化，还希望有较多的闲暇舒适的环境、带薪休假，甚至缔造个人的经理帝国。所以不能排除代理方存在牺牲委托方的利益来追求个人利益的行为。会计理论的存在，可以使审计人员充分了解企业管理当局操纵盈余的经济后果，提升审计人员的业务技能，而且可使审计人员有充足的理由去抵制管理当局的盈余操纵行为。

概括地说，西方会计学者普遍认为会计理论的作用主要包括两方面：一是解释现存的会计实务；二是预测或指导未来的会计实务。或者说，建立会计理论的意图是对现行的惯例进行论证和批判，而会计理论形成的主要动力来自必须对会计所做或期望要做之事提供证据。然而，会计理论又要接受会计实务的验证，所以，美国会计学家贝克奥伊认为："某种给定的会计理论应能解释和预测会计现象，但当这些会计现象出现时，它们又反过来验证理论。"美国会计学家亨利·沃尔克强调理论的作用主要在于解释和预测不同事物或现象之间的关系。他认为，会计理论对会计实务的作用主要是通过会计理论对于会计政策选择（也即准则制定）的影响而得以实现。

国内学者魏明海总结了会计理论的三种基本功能。

1. 信息传递和经验总结功能。作为会计理论，包含关于现实存在会计实务的信息知识和对该项实务活动的描述，起信息搜集传播和经验归纳总结的效用。

2. 解释和评价功能。为什么现存的会计实务会被采用？为何以及如何产生？实效如何？这些问题都可借助会计理论给予回答。所谓"解释"是指会计理论为现存的会计实务说明其理由。这是会计理论指导会计实务作用的具体体现。人们之所以研究会计理论，一个重要方面就是要对现存的会计实务做出合理的解释，以说明对某项交易之所以采用这种方法和程序，而不采用其他的方法和程序的理由，从而为现存会计实务提供理论依据。

3. 预见和实践功能。会计理论不只是解释会计实务在一定时期内如何进行，产生何种作用，而且还要预见会计实务中将要产生的新现象和新问题，并预测会计实务的发展趋势和前景。所谓"预见"是指会计理论能对未来可能发生的新的会计实务进行预测或指导，对会计人员期望所做之事提供理论依据。在众多尚未制定出会计规范的领域中，利用会计理论的指导制定会计准则和制度在内的各种规范，以解决实务中的新问题。

我国会计理论目前正面临新的发展机遇，会计理论研究空前活跃，会计改革涌现出来的新情况、新问题，迫切需要会计理论适时做出科学的解释与指导。制定适合中国市场经济特色的会计法规、会计政策、会计准则，也需要会计理论研究作为坚强的后盾。因此我国会计理论研究，除了发挥信息需要、教学需要和政策支持功能外，还应积极吸收先进会计理念、会计理论和会计方法，为我国会计改革服务，促进我国的经济发展和经济体制进步完善。

三、会计要素

（一）会计要素的概念

会计工作的对象是资金运动，而资金运动所牵涉的具体内容不但十分广泛，而且性质与作用相差也很大。为了有条理地对会计的对象进行核算与监督，就必须按经济内容的特点对会计对象进行分类，以便在会计工作中根据不同的类别进行确认、计量、记录和报告。会计要素就是会计对象的最基本分类，也是会计对象的具体化。会计要素是设定会计科目的基本依据，也是会计报表的根本要素。我国《企业会计制度》将会计要素分为六类：资产、负债、所有者权益、收入、费用和利润。在这六类会计要素中，根据各会计要素的变动与否，又可把会计要素分为动态会计要素和静态会计要素。其中，收入、费用和利润属于动态会计要素，而资产、负债和所有者权益属于静态会计要素。

将会计的对象分解成若干个会计要素，是对会计内容的第一步分类。其作用有如下三个方面：

（1）会计要素分类能够分类提供会计数据和会计信息，这就使得利用会计信息进行投资和经营决策、加强经济管理变得切实可行。

（2）会计要素分类使会计确认和计量有了具体的对象，为分类核算提供了基础。

（3）会计要素为会计报表搭建了基本框架，根据会计要素组成的会计报表可以很好地反映各个会计要素的基本数据，并科学地反映各会计要素间的关系，从而为相关方面提供更有价值的经济信息。

（二）会计要素的内容

1. 资产

资产，是指过去的交易、事项形成的并且由企业拥有或者控制的资源，该资源预期能给企业带来经济利益。

一家企业要从事生产经营活动，必须具备一定数量的物质条件。在市场经济条件下，这些物质条件可以表现为货币资金、房屋场地、原材料、机器设备等，也可以是不具有实物形态的各种款项，比如以债权形态出现的各种应收款项，还可以是以特殊权利形态出现的专利权、商标权等无形资产，以上这些物质条件统称为资产。资产是企业从事生产经营活动的物质基础。根据资产的定义，不难发现资产具有以下特点。

（1）资产是由企业过去的交易、事项所形成的。也就是说，资产一定是现时的资产，而不能是预期的资产。只有过去发生的交易或事项的结果才能增加或减少企业的资产，未来的、还未发生的或尚处于计划中的事项的可能后果不能确认为资产。比如某企业在某年的 1 月份与另一企业签订了一项购买设备的合同，实际购入设备的时间在 3 月份，则该企业不能在 1 月份将该设备确认为自己的资产，因为交易并没有完成。

（2）资产应为企业拥有或控制的资源，拥有或控制的企业享有某项资源的所有权，或者虽然不享有某项资源的所有权，但该资源却能被企业控制。享有某项资源的所有权是指企业有权占有此项资源，完全可以按照自己的意愿使用或处置该资源并享有使用或处置该资源所带来的经济利益，其他单位或个人未经企业许可不得擅自使用。被企业所控制是指企业对某些资产虽不拥有所有权，但能够按照自己的意愿使用该资源并享有使用该资源所带来的经济利益。按照实质重于形式的原则，假如企业能够控制某项资源，则该资源也应确认为企业的资产，比如融资租入固定资产。

（3）资产预期会给企业带来经济利益，是指资产直接或间接导致现金或现金等价物流入企业的潜力。这种潜力可能来自企业日常的生产经营活动，也可能是非日常的生产经营活动；带来的经济利益可以是现金或现金等价物的形式，也可以是转化为现金或现金等价物的形式，还可以是减少现金或现金等价物流出的形式。

资产预期是否会为企业带来经济利益是资产的重要特征。比如企业采购的原材料可以用于生产经营过程，制造商品或提供劳务，对外出售产品后收回货款，货款就是企业所获得的经济利益。假如某一项目预期不能给企业带来经济利益，那么这一预期就不能确认为企业的资产。前期已经确认为资产的项目，假如不能再为企业带来经济利益，那么也不能再确认为企业的资产。

会计人员在具体核算和反映资产时是分类进行的，会计信息的使用者在分析企业资产及其他财务状况时也需要按照一定的标准对资产进行分类。总体来说，资产分类的目的如下：

（1）便于管理当局对企业进行有效的管理；

（2）便于财务报表使用者更好地了解企业及其经营状况；

（3）向财务报表使用者提供有关变现能力的信息；

（4）完整地描述企业的经营活动；

（5）有助于更好地理解财务报表信息。

按照不同的标准，资产有不同的分类，这里主要根据资产的流动性对其进行分类。资产按其流动性可分为流动资产、长期投资、固定资产、无形资产和其他资产。

（1）流动资产。流动资产是指可以在一年或者超过一年的一个营业周期内变现或者耗用的资产，主要包括现金及各种存款、短期投资、应收及预付款项、存货等。现金及各种存款，包括库存现金以及在银行和其他金融机构的存款。现金和各种存款处于货币形态，所以又被称为货币资产。短期投资是指各种能够随时变现并且持有时间不准备超过一年的投资。应收及预付款项包括应收票据、应收账款、其他应收款、预付账款等。存货是指企业在日常活动中持有以备出售的产成品或商品、处在生产过程中的在产品、在生产过程或提供劳务过程中耗用的材料和物料等。

（2）长期投资。长期投资是指除短期投资以外的投资，包括持有时间准备超过一年（不含一年）的各种股权性质的投资、不能变现的或不准备随时变现的债券投资及其他股权投资。如股票、债券以及其他企业联营的投资，它们只有在收回投资时才可以变为现金。

（3）固定资产。固定资产是指使用期限超过一年的房屋、建筑物、机器、机械、运输工具，以及其他与生产、经营有关的设备、器具、工具等。

（4）无形资产。无形资产是指企业为生产商品或者提供劳务、出租给他人，或为管理目的而持有的、没有实物形态的非货币性长期资产，如专利权、非专利技术、商标权、著作权、土地使用权、商誉等。

（5）其他资产。其他资产是指除流动资产、长期投资、固定资产、无形资产以外的其他资产，如长期待摊费用。

2.负债

负债，是指过去的交易、事项形成的现时义务，履行该义务预期会导致经济利益流出企业。负债表示企业的债权人对企业资产的部分权益，即债权人权益。它具有以下特征：

（1）负债是指由于过去的交易或事项而使企业现时承担的对其他经济实体的经济责任和义务，只有企业承担经济义务或事项确实发生时才给予确认。比如，企业从银行借入资金，就具有还本付息的义务；从供应商赊购材料或商品的同时，应对其负有偿还货款的义务。对于还没有履行的合同或者是在将来才发生的交易意向，则并不构成企业当前的负债。比如企业与供应商签订的购货合同（或订单），约定在三个月后进行交易，这仅仅是未来交易的意向，并不能作为企业的负债。

（2）负债是预期会导致经济利益流出企业的现时义务，负债不能够无条件地取消。不管是哪种原因产生的负债，企业在偿还负债时都将使企业经济利益流出企业。在履行现时义务清偿负债时，导致经济利益流出企业的形式有很多可以是用现金偿还或用实物资产形式清偿，还可以是举借新债偿还旧债；可以用提供劳务的形式偿还，还可以将债务转为资本等。

总之，负债是企业的一项现时义务，必须在未来某一特定时间以牺牲自己的经济利益作为代价偿还，而偿还的对象和金额是可以确认的，也是可以合理估计的。因此某一项目是否作为企业的一笔负债，基本的判断标准就是看负债的含义及特征。

企业的负债按其流动性，分为流动负债和长期负债。

（1）流动负债。流动负债是指将在一年（含一年）或者超过一年的一个营业周期内偿还的债务，包括短期借款、应付票据、应付账款、应付职工薪酬、应交税费、应付利润、其他应付款等。

短期借款是指企业从银行等金融机构和其他单位借入的期限在一年以内的各种借款。

应付票据是指票据出票人承诺在一年内的某一指定日期，支付一定款项给持票人的一种书面凭证，包括银行承兑汇票和商业承兑汇票。

应付账款是指企业在生产经营过程中因购买商品或接受劳务而发生的债务。

应付职工薪酬是指企业为获得职工提供的服务而给予的各种形式的报酬以及其他相关支出。

应交税费是指企业应当上交给国家财政的各种税费。

应付利润是指企业应付而尚未支付给投资者的利润或股利。

（2）长期负债。长期负债是指偿还期限在一年以上或者超过一年的一个营业周期以上的债务，包括长期借款、应付债券、长期应付款等。

长期借款是指企业从银行或其他金融机构借入的期限在一年以上（不含一年）的各项借款。

应付债券是指企业通过发行债券，从社会上筹集资金而发生的债务。

长期应付款是指企业除长期借款和应付债券以外的其他各种长期负债，包括应付融资租入固定资产的租赁费、以分期付款方式购入固定资产等发生的应付款项等。

3. 所有者权益

所有者权益，是指所有者在企业资产中享有的经济利益，其金额为资产减去负债后的余额。

所有者权益在股份制公司中被称为股东权益,在独资企业中被称为业主权益。它具有以下特征:

(1)所有者权益是企业的投资人对企业净资产的要求权,这种要求权是受企业资产总额和负债总额变动的影响而增减变动的。

(2)投资者的原始投资行为采取的无论是货币形式还是实物形式,所有者权益与企业的具体资产项目并没有直接的对应关系,所有者权益只是在整体上、抽象意义上与企业资产保持数量上的关系。

(3)权益的所有者凭借所有者权益能够参与企业的生产经营管理,并参加利润的分配,同时承担企业的经营风险。

所有者权益包括实收资本(或者股本)、资本公积、盈余公积和未分配利润等。

实收资本是指投资者按照企业的章程或合同、协议的约定,实际投入企业的资本,包括国家投入资本、法人投入资本、个人投入资本和外商投入资本等。

资本公积是指由所有者共有的非收益转化而形成的资本,包括资本溢价或股本溢价、资产评估增值、接受捐赠的资产价值等。

盈余公积是指按照国家有关规定从税后利润中提取的积累资金,包括法定盈余公积金、任意盈余公积金和法定公益金。

未分配利润是指企业留于以后年度分配的利润或待分配利润。

4. 收入

收入,是指企业在销售商品、提供劳务及让渡资产使用权等日常活动中所形成的经济利益的总流入,包括主营业务收入和其他业务收入。收入不包括为第三方或者客户代收的款项。此处的收入主要是指企业在连续不断的生产经营活动过程中通过交易而产生的收入,所有不对外的销售商品、提供劳务服务等非交易活动不产生收入。换言之,企业只有在对外发生交易的过程中,才能使经济利益流入企业,也才能产生收入。

由收入的定义可知收入具有以下特征。

（1）收入是企业在日常交易活动中形成的经济利益流入

日常交易活动，是指企业为完成其经营目标而从事的所有活动以及与其相关的其他活动，比如企业销售商品、提供服务或劳务等活动。日常交易活动取得的收入，是指企业在销售商品、提供劳务等主营业务活动中获得的收入，以及因他人使用本单位资产而取得的让渡资产使用权的收入。

（2）收入会导致企业所有者权益的增加

与收入相关的经济利益的流入会导致所有者权益的增加，不会导致所有者权益增加的经济利益流入不符合收入的定义，不能确认为收入。比如企业向银行借入款项，虽然导致了企业经济利益的流入，然而该流入并不导致所有者权益的增加，反而使企业承担了一项现时义务，因此，企业对于因借入款项所导致的经济利益的增加，不应当确认为收入，而应当确认为一项负债。

（3）收入只包括本企业经济利益的流入

收入只包括本企业经济利益的流入，不包括为客户或第三者代收的款项和从偶发的交易或事项中产生的经济利益的流入。代收的款项一方面增加企业的资产，另一方面也增加了企业的负债，因此，不属于本企业的经济利益，不能作为企业的收入。偶发的交易或事项产生的经济利益的流入属于非日常活动所形成的利润，不符合收入的定义，也不能确认为企业的收入。

企业收入按照性质的不同可分为商品销售收入、劳务收入和让渡资产使用权等取得的收入；按照日常经营活动在企业所处的地位，收入可分为主营业务收入和其他业务收入。

5. 费用

费用，是指企业为销售商品、提供劳务等日常活动所发生的经济利益的流出。成本，是指企业为生产产品、提供劳务而发生的各种耗费。企业应合理划分期间费用和成本的界限：期间费用应当直接计入当期的损益；成本应当计入所生产的产品、提供劳务的成本。

按照费用的定义，经分析可知费用具有以下特征。

（1）费用是企业在日常经营活动中发生的经济利益流出

在日常活动中发生的经济利益流出，是指企业为取得收入而发生的所有活动以及与之相关的其他活动产生的经济利益流出，比如物资采购过程中发生的采购费用，为生产商品所消耗的直接材料费、直接人工费和制造费用，商品销售过程中发生的销售成本以及销售费用，为管理和组织生产发生的管理费用，因使用其他单位资产而支付的租赁费、财务费用等。有些交易或事项虽然也能使经济利益流出企业，比如对外捐赠、存货盘亏、固定资产报废损失等，但因其不属于企业的日常经营活动中发生的，故不属于费用而属于支出或者损失。

（2）费用会引起所有者权益的减少

按照费用与收入的关系，费用可以分为营业成本和期间费用。

营业成本是指销售商品、提供劳务或销售材料等业务的成本。营业成本按照其与主营业务收入和其他业务收入的关系，可以分为主营业务成本和其他业务支出（也称为其他业务成本）。主营业务成本是企业在销售商品和提供劳务等日常活动中发生的成本。其他业务支出是除主营业务成本以外的其他销售或其他业务所发生的支出和相关费用等。根据配比性原则，发生的营业成本必须与其对应的收入项目在同一会计期间确认。

期间费用包括销售费用、管理费用和财务费用。销售费用是指企业在销售商品过程中发生的费用；管理费用是指企业为组织和管理企业生产经营所发生的管理费；财务费用是指企业为筹集生产经营所需资金等而发生的费用。

6. 利润

利润，是指企业在一定会计期间内实现的全部收入和利得减去全部费用和损失后的差额。利润是企业在一定会计期间的经营成果，包括利润总额、营业利润和净利润。影响企业利润的因素有营业活动和非营业活动，其中营业活动是主要因素。利润不仅是企业经营的目的和动力，也是考核和比较企业经济效益高低的一个重要经济指标。

利润总额，是指营业利润加上补贴收入、营业外收入，减去营业外支出后的金额。

营业利润，是指主营业务收入减去主营业务成本和主营业务税金及附加，加上其他业务利润，减去销售费用、管理费用和财务费用后的金额。

净利润，是指利润总额减去所得税后的金额。

四、会计的职能

所谓会计的职能，是指会计在经济管理中所具有的功能，也就是人们在经济管理工作中能用会计做什么。马克思认为"过程越是按社会的规模进行，越是失去纯粹个人的性质，作为对过程的控制和观念总结的簿记就越是必要"。我国会计界普遍认为，马克思在这里所说的"簿记"指的就是会计，而"过程"指的是再生产过程，"观念总结"则是用观念上的货币（是价值尺度而不是实际货币）对各单位的经济活动情况进行综合的数量核算（或反映），而"控制"则是按照一定的目的和要求，对单位的经济活动进行控制并使其达到预期目标，也就是监督。因此我们认为，核算和监督是会计最主要的两项职能。

（一）核算职能

会计的核算职能是指会计能以货币为计量单位，综合反映企事业单位的经济活动，为其经营管理提供会计信息。核算职能也称为反映职能，是会计最基本的职能，更是会计发挥其他职能的基础。日常会计工作中经常提到的记账、算账、报账，就是会计核算职能的具体体现。

所谓记账，就是运用一定的记账方法，将一个企事业单位所发生的全部经济业务在账簿上予以记载。所谓算账，就是在记账的基础上，计算企业在生产经营过程中的资产、负债、所有者权益、成本和经营成果，或是计算行政事业单位预算资金的收入、支出和结余情况。所谓报账，就是在记账、算账的基础上，将企业的财务状况、经营成果或事业单位的资金收支情况，通过会计报表向企事业单位内外部的有关各方通报。

一般来说，会计的核算职能具有以下两个方面的特点。

（1）会计主要是利用货币计量对经济活动的数量方面予以反映的。在反映经济活动时，会计一般会采取实物、劳动和货币这三种量度。在商品经济条件下，作为价值尺度，货币可以综合计算劳动的耗费、生产资料的占有、收入的实现等，综合反映经济活动的过程和结果，所以会计主要是以货币为计量单位，从数量上去反映经济活动。

（2）会计反映是连续的、系统的、完整的。要反映经济活动的整个过程，会计反映所提供的数据资料就不能只是简单的记录，而要对初始资料进行分类、分析和汇总，将其转换成有条理且成系统的会计信息，而非杂乱无章、支离破碎的会计信息。特别要注意的是，会计反映的内容一定要完整，不能有丝毫遗漏。

（二）会计的监督职能

会计的监督职能是指会计按照一定的目的和要求，利用会计核算所提供的经济信息，控制企事业单位的经济活动，使其达到预期目标。会计的监督职能具有以下特点。

1. 企业内部会计监督、社会监督和国家监督共同构成了会计监督

企业内部会计监督是一个企业为了保护其资产的安全完整，保证它的经营活动符合国家法律、法规和内部规章制度要求，提高经营管理效率，防止舞弊，控制风险等目的，在企业内部采取的一系列相互联系、相互制约的制度和方法。会计的社会监督主要是由社会中介机构，比如会计师事务所的注册会计师依法对受托单位的经济活动进行审计，并据实做出客观评价的一种监督形式，是一种外部监督。会计的国家监督是指政府有关部门依据法律、行政法规的规定和部门职责权限，对有关单位的会计行为、会计资料所进行的监督检查。单位内部会计监督、有关部门对单位实施的国家监督以及由注册会计师承办的社会审计监督，组成了三位一体的会计监督体系。它们之间相互依存，共同为社会经济服务。

2. 会计监督是以国家财经法律、行政法规和国家统一会计制度为依据的

为了促进有序竞争和有效配置资源，打击违法行为，规范会计工作，保证会计资料正确、可靠，给投资者、债权人、社会公众以及政府宏观调控部门提供真

实、准确的会计资料，为了维护社会经济秩序，会计监督必须以国家法律、行政法规和国家统一会计制度为依据。

3. 会计监督主要是利用会计核算所提供的各种价值指标所进行的货币监督

正如前面所述，会计主要是通过提供单位一系列经济活动的经济指标，综合核算经济活动的过程和结果，比如资产、负债、所有者权益、收入、成本费用、利润以及偿债能力、获利能力、营运能力等指标。会计监督就是根据这些价值指标而进行的。由于价值量指标具有综合性，所以利用价值指标进行监督，不仅可以比较全面地考核和控制各单位的经济活动，而且可以经常并且及时地对经济活动进行指导和调节。会计监督不仅利用价值指标进行货币监督，而且可以进行实物监督。

4. 会计监督是通过会计核算经济活动同时进行事前、事中和事后监督

事前监督，是指会计部门根据有关法律法规、政策和国家统一的会计制度，通过参与各种决策以及制订相关的各项计划和费用的预算，对各项经济活动的合理性、合法性进行审查；对于那些违反相关的法律法规、政策、制度以及相关的各种计划和费用预算的，加以限制或制止，以便于限制浪费，促进经济效益的提高。事中监督，是指在日常会计工作中，对已经发现的问题提出建议，迫使有关部门采取相应的措施，调整经济活动，使其按照预定的要求和预期的目标进行，也就是通过会计监督控制经济活动。事后监督，就是指以事先制订的目标、计划、预算为依据，通过分析已获得的会计资料对已发生或完成的经济活动的合法性、合理性、有效性进行评价和考核。

会计是为经济管理服务的，是经济管理必不可少的工具。会计的监督职能就是对经济活动加以控制、促进、指导和考核，是经济管理的主要构成部分。会计的核算职能和监督职能是密不可分、相辅相成的。如果没有会计核算，会计监督就会失去存在的基础；如果没有会计监督，会计核算就会失去存在的意义。因此，只有把会计核算和会计监督结合起来，才能发挥会计在经济管理中的作用。

五、会计的内容

会计的内容就是会计要核算和监督的内容，也即会计的对象。对于研究和运用会计方法而言，明确会计的内容具有非常重要的意义，因为只有了解了会计要核算和监督的内容，才能有针对性地采用恰当的方法予以核算和监督，进而发挥会计在经济管理中的作用。

（一）会计内容的一般说明

在社会再生产过程中，各种各样的经济活动并存，会计并不能核算和监督再生产过程中经济活动的所有方面，而只能核算和监督能用货币表现的经济活动。在商品经济条件下，这部分能用货币表现的经济活动既构成了实物运动，也构成了价值运动。会计核算和监督的内容是商品经济中的价值运动，具体包括在再生产过程中价值的耗费和收回，价值的取得、分配和积累的过程，而这正是会计核算和监督的一般内容。

（二）会计的具体内容

不同的会计主体，其经营活动范围和类型会有所不同。拿工业企业来说，一般包括筹资活动、投资活动和经营活动，其中经营活动的资金运动包括资金投入、资金运用、资金退出三个阶段，而资金运用又包括供应活动、生产活动和销售活动三个过程。

1. 筹资活动

筹资活动是企业重要的经济活动之一。企业可以通过自有资金或借入资金来实现筹资活动。自有资金是指企业所有者投入资金，这些资金有可能来源于所有者的投入，也可能来源于企业利润的留存；借入资金是指企业通过向银行金融机构以及其他债权人融资而筹集的资金，主要目的在于补充企业自有资金的不足。

2. 投资活动

投资活动指的是企业使用所筹集的资金获取所需的各种经济资源的过程，是企业重要的经济活动之一。企业的投资分为对内投资和对外投资。对内投资指的是为了维护和扩大企业的经营能力而进行的投资，比如建造厂房、购买机器设备等。外部投资指的是将企业资金投放到企业之外的其他经济实体来赚取投资报酬。外部投资既可以表现为以货币资金、厂房、机器设备等方式进行的直接投资，也可以表现为通过在证券市场上购买股票证券等方式进行的间接投资。

3. 经营活动

经营活动指的是企业利用内部投资进行经营的过程，也是企业的重要经济活动之一。企业的经营活动是由各个不同的经营环节构成的。工业企业的资金运动通常由三个阶段（资金进入、资金运用和资金退出）以及三个过程（供应过程、生产过程和销售过程）构成。

来看看商品流通企业的例子。商品流通企业是国家经济中组织商品交换的基层组织，它也是自主经营、自负盈亏的经济实体。商品流通企业的主要经济活动是商品购销存活动。通过商品流通，能满足市场对各种商品的需要；同时为投资者提供利润，也为企业自身发展积累资金。

商品流通企业的经济活动分为供应和销售两个过程。在供应的过程中，企业为了购进商品就需要支付商品价款，需要支付运输、装卸费用，需要与供应单位等发生货币结算业务，然后验收商品入库等待销售，在这期间，需要支付商品保管、存储费用。在销售过程中，企业为了销售商品，需要支付运输、包装、广告宣传等销售费用，商品销售后就能取得营业收入，在补偿全部劳动耗费之后，剩余部分就构成企业盈利。企业盈利要按照规定上缴税费，提取公积金和公益金，并在投资者之间分配利润。商品流通企业中，财产物资的增减变化，购销存过程中发生的各项费用、营业收入，以及财务成果和利润分配，是会计核算和会计监督的内容。另外，商品流通企业除开上述的经营活动以外，还要和税务、银行、其他单位以及职工个人发生款项的上交下拨、存贷和结算等经济活动，这些也是会计核算和会计监督的内容。

在商品经济和商品交换的情况下，商品流通企业的经营过程同样也必须利用价值形式组织流通与分配，同样也存在着经营资金运动。因为这个缘故，商品流通企业中会计核算和会计监督的内容，换一种说法就是企业的价值运动，具体来说包括价值的取得和退出、价值循环和周转、价值耗费和收回等方面。由于商品流通企业的经济活动中没有生产过程，所以就没有产品、产成品，在价值循环中没有生产过程中的价值循环周转，在价值耗费中也没有生产过程中的各项费用和产品成本。

六、会计理论的性质

会计理论的目标是解释和预测会计实务。我们给会计实务下的定义较为广泛，由于会计的性质和发展与审计紧密相关，审计实务也被视作会计实务的组成部分。

解释是指为观察到的实务提供理由。譬如，会计理论应当解释为什么有些公司在存货计价时采用后进先出法，而不是先进先出法。

预测则是指会计理论应能够预计未观察到的会计现象。未观察到的会计现象未必就是未来现象，它们包括那些已经发生、但尚未收集到与其有关的系统证据的现象。例如，会计理论应能够针对采用后进先出法公司与采用先进先出法公司的不同特征提出假想。这类预测可以利用历史数据对采用这两种方法的公司的属性加以验证。

上述理论观点直接或间接构成了经济学上大部分以经验为依据的研究基础，它也是科学上广为采用的理论观点。

许多人都必须做出与对外会计报告有关的决策。公司管理人员必须决定采用何种会计程序来计算对外报告中的有关数据，例如，他们必须决定是采用直线法还是采用加速法来计算折旧；管理人员必须向会计准则制定机构陈述意见；管理人员必须决定何时陈述意见，赞成或反对哪种程序；最后，管理人员还必须选聘一个审计事务所。

注册会计师经常应管理人员的要求就对外报告应采用何种会计程序提出建议。

此外，注册会计师自己也必须决定是否对提议中的会计准则进行表态，如果要表态的话，应持何种立场。

信贷机构（如银行与保险公司）的负责人也必须对采用不同会计程序对公司的资信进行评比。作为债权人或投资者，他们在做出贷款或投资决策之前，必须对不同会计程序的含义加以权衡。此外，贷款协议一般都附有以会计数据为依据的、公司必须遵循的条款，否则贷款将被取消，信贷机构的负责人必须规定贷款协议中的有关数据应采用何种会计程序（如果有的话）来计算。

投资者和受雇于经纪人事务所、养老金、基金会以及诸如此类机构的财务分析专家也必须分析会计数据，作为他们投资决策的依据之一。具体地说，他们必须对采用不同会计程序和聘请不同审计师的公司的投资进行评价。与注册会计师和公司经理人员一样，财务分析专家也必须对潜在的会计准则陈述自己的意见。

最后，会计准则制定机构，如财务会计准则委员会和证券交易委员会的成员负责制定会计准则。他们必须决定何种会计程序应予认可，据以限制各个公司可供使用的会计程序。他们还必须决定公司对外报告的频率（如月、季、半年或年度）和必须加以审计的内容。

我们假定所有这些团体在对会计和审计程序做出选择或提出建议时，都是为了尽可能维护其自身的利益（即他们的预期效用）。为了做出有关会计报告的决策，这些团体或个人都需要了解备选报告对其利益的影响程度。例如，在选择折旧方法时，公司管理人员需要分别了解直线折旧法与加速折旧法对其自身利益的影响状况。如果公司管理人员的利益依赖于公司的市场价值（通过优先认股计划、贷款协议和其他机制加以表现），那么公司管理人员就希望了解会计决策对股票和债券价格的影响。因此，管理人员需要一种能够解释会计报告与股票、债券价格之间的相互关系的理论。

要确定会计报告决策与影响个人利益的变量之间的关系相当困难。会计程序与证券市场价值的关系错综复杂，不能单纯通过观察会计程序变化时证券价格的变化来加以确定。同样地，备选会计程序和备选报告以及审计方法对债券价格、证券交易委员会的预算和会计实务的影响也相当复杂，不能仅仅依靠观察予以确定。

注册会计师或公司管理人员也许会观察到会计程序变化与证券价格变化等变

量之间存在着联系，但却无法断定这种联系是否属于因果关系。证券价格的变化可能不是由于程序变化所引起的；也就是说，这两种变化都可能是其他事项发生变化的结果。在这种情况下，会计程序变化并不一定导致证券价格的变化。为了做出合乎因果逻辑的解释，实务工作者需要一种能解释变量之间相互联系的理论。这种理论能够使实务工作者把因果关系与某个特定变量（如程序的变化）联系起来。

当然，根据其自身的经验，注册会计师、信贷机构等团体的负责人也可建立一套含蓄的理论，并在决策时用以评估不同会计程序或会计程序变化的影响。然而，这些理论受到实务工作者特定经历的限制。

采用大量观测值进行结构严谨的经验性检验，研究人员可建立一种更具有说服力和预测力的关于解释现实世界的理论。总之，研究人员应能够提供更有助于决策者尽可能增大其利益的理论。

第二节　会计的职责与工作流程

财务会计的职责主要是对企业已经发生的交易或信息事项，通过确认、记录和报告等程序进行加工处理，并借助于以财务报表为主要内容的财务报告形式，向企业外部的利益集团（政府机构、企业投资者和债权人等）及企业管理者提供以财务信息为主的经济信息。这种信息是以货币作为主要计量尺度并结合文字说明来表述的，它反映了企业过去的资金运动或经济活动历史。

一、设置会计科目

所谓会计科目，就是对会计对象的具体内容进行分类核算的项目。按其所提供信息的详细程度及其统驭关系不同，会计科目又分为总分类科目（或称一级科目）和明细分类科目。前者是对会计要素具体内容进行总括分类，提供总括信息的会计科目，如"应收账款""原材料"等科目；后者是对总分类科目做进一步分类，提供更详细更具体的会计信息科目，如"应收账款"科目按债务人名称设置明细科目，反映应收账款的具体对象。

会计科目是复式记账和编制记账凭证的基础。我国现行的统一会计制度中对企业设置的会计科目做出了明确规定，以保证不同企业对外提供的会计信息的可比性。

一般来讲，一级科目应严格按照《企业会计准则——应用指南》中的内容设置，明细科目可参照设置。

设置会计科目就是在设计会计制度时事先规定这些项目，然后根据它们在账簿中开立相关账户（针对部分科目），并分类、连续地记录各项经济业务，反映由于各经济业务的发生而引起各会计要素的增减变动情况。

会计科目与账户的关系：账户是根据会计科目设置的，具有一定格式和结构，用于分类反映会计要素增减变动情况及其结果的载体。实际上，账户就是根据会计科目在会计账簿中的账页上开设的户头，以反映某类会计要素的增减变化及其结果。

会计科目的设置原则主要包括如下 3 点：

1. 合法性原则：应当符合国家统一会计制度的规定。

2. 相关性原则：应为提供有关各方所需要的会计信息服务，满足对外报告与对内管理的要求。

3. 实用性原则：应符合企业自身特点，满足企业实际需要。

设置会计科目主要包括两项工作：一是设计会计科目表，以解决会计科目的名称确定、分类排列、科目编号问题；二是编写会计科目使用说明，其内容主要包括各个会计科目的核算内容、核算范围与核算方法，明细科目的设置依据及具体明细科目设置，所核算内容的会计确认条件及时间和会计计量的有关规定，对涉及该科目的主要业务账务处理进行举例说明，以便会计人员据此准确地处理会计业务。

二、复式记账

复式记账是与单式记账相对称的一种记账方法。这种方法的特点是对每一项经济业务都要以相等的金额，同时记入两个或两个以上的有关账户。通过账户的对应关系，可以了解有关经济业务内容的来龙去脉；通过账户的平衡关系，可以检查有关业务的记录是否正确。

复式记账法的类型主要有借贷记账法、收付记账法和增减记账法，但我国和大多数国家都只使用借贷记账法。该记账方法的特点如下：

1. 使用借贷记账法时，账户被分为资产（包括费用）类和负债及所有者权益（包括收入与利润）类两大类别。

2. 借贷记账法以"借""贷"为记账符号，以"资产＝负债＋所有者权益"为理论依据，以"有借必有贷，借贷必相等"为记账规则。

3. 借贷记账法的账户基本结构分为左、右两方，左方称之为借方，右方称之为贷方。在账户借方记录的经济业务称之为"借记某账户"，在账户贷方记录的经济业务称之为"贷记某账户"。至于借方和贷方究竟哪一方用来记录金额的增加，哪一方用来记录金额的减少，则要根据账户的性质来决定。

资产类账户的借方登记增加额，贷方登记减少额；负债及所有者权益类账户的贷方登记增加额，借方登记减少额。

4. 账户余额一般在增加方，例如，资产类账户余额一般为借方余额，负债类账户余额一般为贷方余额。资产类账户的期末余额公式为：

期末借方余额＝期初借方余额＋本期借方发生额－本期贷方发生额

负债及所有者权益类账户的期末余额公式为：

期末贷方余额＝期初贷方余额＋本期贷方发生额－本期借方发生额

5. 为了检查所有账户记录是否正确，可进行试算平衡。这里有两种方法，一是发生额试算平衡法，其公式为：

全部账户本期借方发生额合计＝全部账户本期贷方发生额合计

二是余额试算平衡法，其公式为：

全部账户的借方期初余额合计 = 全部账户的贷方期初余额合计

全部账户的借方期末余额合计 = 全部账户的贷方期末余额合计

三、填制和审核凭证

会计凭证是记录经济业务、明确经济责任的书面证明，是登记账簿的依据。凭证必须经过会计部门和有关部门审核，只有经过审核并正确无误的会计凭证才能作为记账的根据。

四、登记账簿

账簿是用来全面、连续、系统记录各项经济业务的簿籍，是保存会计数据、资料的重要工具。登记账簿就是将会计凭证记录的经济业务，序时、分类记入有关簿籍中设置的各个账户。登记账簿必须以凭证为依据，并定期进行结账、对账，以便为编制会计报表提供完整、系统的会计数据。

五、成本计算

成本计算是指在生产经营过程中，按照一定对象归集和分配发生的各种费用支出，以确定该对象的总成本和单位成本的一种专门方法。通过成本计算，可以确定材料的采购成本、产品的生产成本和销售成本，可以反映和监督生产经营过程中发生的各项费用是否节约或超支，并据此确定企业经营盈亏。

六、财产清查

财产清查是指通过盘点实物、核对账目，保持账实相符的一种方法。通过财产清查，可以查明各项财产物资和货币资金的保管和使用情况，以及往来款项的结算情况，监督各类财产物资的安全与合理使用。如在清查中发现财产物资和货币资金的实有数与账面结存数额不一致，应及时查明原因，通过一定审批手续进行处理，并调整账簿记录，使账面数额与实存数额保持一致，以保证会计核算资料的正确性和真实性。

七、编制会计报表

会计报表是根据账簿记录定期编制的、总括反映企业和行政事业单位特定时点（月末、季末、年末）和一定时期（月、季、年）财务状况、经营成果以及成本费用等的书面文件。主要的财务报表包括资产负债表、利润表和现金流量表。

第三节　会计凭证、会计账簿与会计报表的基本情况

在会计核算方法体系中，就其工作程序和工作过程来说，主要是三个环节：填制和审核凭证、登记账簿和编制会计报表。在一个会计期间所发生的经济业务，都要通过这三个环节进行会计处理，从而将大量的经济业务转换为系统的会计信息。这个转换过程，即从填制和审核凭证到登记账簿，直至编出会计报表周而复始的变化过程，就是一般称谓的会计循环。

一、会计凭证

会计凭证是记录经济业务、明确经济责任、按一定格式编制的据以登记会计账簿的书面证明。

会计凭证分为原始凭证和记账凭证，前者是在经济业务最初发生之时即行填制的原始书面证明，如销货发票、款项收据等；后者是以原始凭证为依据，对原始凭证进行归类整理，并编制会计分录的凭证。它还是记入账簿内各个分类账户的书面证明，如收款凭证、付款凭证、转账凭证等。

会计分录是指对某项经济业务标明其应借应贷账户及其金额的记录，简称分录。会计分录的三个要素分别是：应记账户名称、应记账户方向（借或贷）和应

记金额。会计分录的步骤包括四步：第一步：分析经济业务事项涉及的会计要素；第二步：确定涉及的账户；第三步：确定所记账户的方向；第四步：确定应借应贷账户是否正确，借贷金额是否相等。

收款凭证和付款凭证是用来记录货币收付业务的凭证，它们既是登记现金日记账、银行存款日记账、明细分类账及总分类账等账簿的依据，也是出纳人员收、付款项的依据。

出纳人员不能依据现金、银行存款收付业务的原始凭证收付款项，而必须根据会计主管人员审核批准的收款凭证和付款凭证收付款项，以加强对货币资金的管理。

凡是不涉及银行存款和现金收付的各项经济业务，都需要编制转账凭证。例如，购原材料，但没有支付货款；某单位或个人以实物投资等，此时都应编制转账凭证。

如果是银行存款和现金之间相互划拨业务，例如，将现金存入银行，或者从银行提取现金，按我国会计实务惯例，此时应编制付款凭证。

如果按适用的经济业务来划分，记账凭证可分为专用记账凭证和通用记账凭证两类。其中，专用记账凭证是用来专门记录某一类经济业务的记账凭证。按其所记录的经济业务是否与现金和银行存款的收付有无关系，又分为收款凭证、付款凭证和转账凭证三种；通用记账凭证是以一种格式记录全部经济业务，它不再分为收款凭证、付款凭证和转账凭证。在经济业务比较简单的经济单位，为了简化凭证，可以使用通用记账凭证记录所发生的各种经济业务。

如果按记账凭证包括的会计科目是否单一，记账凭证又可分为复式记账凭证和单式记账凭证两类。其中，复式记账凭证又称多科目记账凭证，要求将某项经济业务所涉及的全部会计科目集中填列在一张记账凭证上。复式记账凭证可以集中反映账户的对应关系，便于更好地了解经济业务的全貌，了解资金的来龙去脉，以及便于查账。复式记账凭证可以减少填制记账凭证的工作量，减少记账凭证的数量，其缺点是不便于汇总计算每一会计科目的发生额，不便于分工记账。前面介绍的收款凭证、付款凭证和转账凭证等都是复式记账凭证。

　　单式记账凭证是指，把一项经经济业务所涉及的每个会计科目分别填制记账凭证，每张记账凭证只填列一个会计科目的记账凭证。单式记账凭证包括单式借项凭证和单式贷项凭证。单式记账凭证的内容单一，有利于汇总计算每个会计科目的发生额，可以减少登记总账的工作量；但制证工作量较大，不利于在一张凭证上反映经济业务的全貌，不便于查找记录差错。实务中使用单式记账凭证的单位很少。

二、会计账簿

　　会计账簿是指由一定格式的账页组成，以会计凭证为依据，全面、系统、连续地记录各项经济业务的簿籍。设置和登记会计账簿是重要的会计核算基础工作，是连接会计凭证和会计报表的中间环节。

　　填制会计凭证后之所以还要设置和登记账簿，是由于二者虽然都是用来记录经济业务，但二者具有不同作用。在会计核算中，对每一项经济业务都必须取得和填制会计凭证，因而会计凭证数量很多，很分散，而且每张凭证只能记载个别经济业务的内容，所提供的资料是零星的，不能全面、连续、系统地反映和监督一个经济单位在一定时期内某一类和全部经济业务活动情况，不便于日后查阅。

　　因此，为了给经济管理提供系统的会计核算资料，各单位都必须在凭证的基础上设置和运用登记账簿，从而把分散在会计凭证上的大量核算资料加以集中和归类整理，生成有用的会计信息，从而为编制会计报表、进行会计分析以及审计提供主要依据。

（一）账簿的分类

账簿的分类方法主要有 3 种，即可以按用途、账页格式、外形特征分类。

1.按用途分类

　　如果按用途分类，会计账簿可分为序时账簿、分类账簿和备查账簿。其中，序时账簿又称日记账，是按照经济业务发生或完成时间的先后顺序逐日逐笔进行登记的账簿，序时账簿是会计部门按照收到会计凭证号码的先后顺序进行登记的。库存现金日记账和银行存款日记账是最典型的序时账簿。

分类账簿是对全部经济业务事项按照会计要素的具体类别而设置的分类账户进行登记的账簿。按其提供核算指标的详细程度不同，分类账簿又分为总分类账和明细分类账。其中，总分类账简称总账，它是根据总分类科目开设账户，用来登记全部经济业务，进行总分类核算，提供总括核算资料的分类账簿；明细分类账简称明细账，它是根据明细分类科目开设账户，用来登记某一类经济业务，进行明细分类核算，提供明细核算资料的分类账簿。

备查账簿又称辅助账簿，是对某些在序时账簿和分类账簿等主要账簿中都不予登记或登记不够详细的经济业务事项进行补充登记时使用的账簿，它可以对某些经济业务的内容提供必要的参考资料。备查账簿的设置应视实际需要而定，并非一定要设置，而且没有固定格式，如租入固定资产登记簿、代销商品登记簿等。

2.按账页格式分类

如果按账页格式分类，会计账簿可分为两栏式账簿、三栏式账簿和数量金额式账簿。其中，两栏式账簿是只有借方和贷方两个基本金额的账簿，各种收入、费用类账户都可以采用两栏式账簿；三栏式账簿是设有借方、贷方和余额三个基本栏目的账簿，各种日记账、总分类账、资本、债权、债务明细账都可采用三栏式账簿；数量金额式账簿在借方、贷方和金额三个栏目内都分设数量、单价和金额三小栏，借以反映财产物资的实物数量和价值量。原材料、库存商品、产成品等明细账通常采用数量金额式账簿。

3.按外形特征分类

如果按外形特征分类，会计账簿可分为订本账、活页账和卡片账。其中，订本账是在启用前将编有顺序页码的一定数量账页装订成册的账簿，它一般适用于重要且具有统驭性的总分类账、现金日记账和银行存款日记账。

活页账是将一定数量的账页置于活页夹内，可根据记账内容的变化随时增加或减少部分账页的账簿，它一般适用于明细分类账。

卡片账是将一定数量的卡片式账页存放于专设的卡片箱中，账页可以根据需要随时增添的账簿，卡片账一般适用低值易耗品，固定资产等的明细核算。在我国，一般只对固定资产明细账采用卡片账形式。

（二）记账规则

1. 登记账簿的依据

为了保证账簿记录的真实、正确，必须根据审核无误的会计凭证登账。

2. 登记账簿的时间

各种账簿应当多长时间登记一次，没有统一规定。但是，一般的原则是：总分类账要按照单位所采用的会计核算形式及时登账，各种明细分类账要根据原始凭证、原始凭证汇总表和记账凭证每天进行登记，也可以定期（三天或五天）登记。但是现金日记账和银行存款日记账应当根据办理完毕的收付款凭证，随时逐笔顺序进行登记，最少每天登记一次。

依据《会计基础工作规范》第六十一条规定：实行会计电算化的单位，总账和明细账应当定期打印。发生收款和付款业务的，在输入收款凭证和付款凭证的当天必须打印出现金日记账和银行存款日记账，并与库存现金核对无误。

4. 登记账簿的规范要求

（1）登记账簿时应当将会计凭证日期、编号、业务内容摘要、金额和其他有关资料逐项记入账内。同时，记账人员要在记账凭证上签名或者盖章，并注明已经登账的符号（如打"√"），以防止漏记、重记和错记情况的发生。

（2）各种账簿要按账页顺序连续登记，不得跳行、隔页。如发生跳行、隔页，应将空行、空页画线注销，或注明"此行空白"或"此页空白"字样，并由记账人员签名或盖章。

（3）凡需结出余额的账户，应当定期结出余额。现金日记账和银行存款日记账必须每天结出余额。结出余额后，应在"借或贷"栏内写明"借"或"贷"的字样。没有余额的账户，应在该栏内写"平"字并在余额栏"元"位上用"0"表示。

（4）每登记满一张账页结转下页时，应当结出本页合计数和余额，写在本页最后一行和下页第一行有关栏内，并在本页的摘要栏内注明"转后页"字样，在次页的摘要栏内注明"承前页"字样。

三、财务报表

常见的企业财务报表主要包括"资产负债表""利润表""现金流量表"等，通过这些报表可了解企业的财务状况、变现能力、偿债能力、经营业绩、获利能力、资金周转情况等。投资人可以据此判断企业的经营状况，并对未来的经营前景进行预测，从而进行决策。

在现代企业制度下，企业所有权和经营权相互分离，使企业管理层与投资者或债权人之间形成了受托、委托责任。企业管理层受委托人之托经营管理企业及其各项资产，负有受托责任；企业投资者和债权人需要通过财务报表了解管理层保管、使用资产的情况，以便评价管理层受托责任的履行情况。

（一）资产负债表

资产负债表亦称财务状况表，表示企业在一定日期（通常为各会计期末）的财务状况（即资产、负债和所有者权益）。资产负债表利用会计平衡原则，将合乎会计原则的资产、负债、股东权益交易科目分为"资产"和"负债及所有者权益"两大区块，在经过分录、转账、分类账、试算、调整等会计程序后，以特定日期的静态企业情况为基准，浓缩成一张报表。

（二）利润表

利润表是反映企业在一定会计期间经营成果的报表，又称动态报表，也称损益表、收益表等。

利润表可以反映企业一定会计期间的收入实现情况，即，实现的主营业务收入有多少、实现的其他业务收入有多少、实现的投资收益有多少、实现的营业外收入有多少等等；可以反映一定会计期间的费用耗费情况，即，耗费的主营业务成本有多少、主营业务税金有多少、营业费用、管理费用、财务费用各有多少、营业外支出有多少等等；可以反映企业生产经营活动的成果，即，净利润的实现情况，据以判断资本保值、增值情况。

将利润表中的信息与资产负债表中的信息相结合，还可以提供进行财务分析的基本资料，如将赊销收入净额与应收账款平均余额进行比较，计算出应收账款周转率；将销货成本与存货平均余额进行比较，计算出存货周转率；将净利润与资产总额进行比较，计算出资产收益率等，可以表现企业资金周转情况以及企业的盈利能力和水平，便于会计报表使用者判断企业未来的发展趋势，做出经济决策。

（三）现金流量表

现金流量表是财务报表的三个基本报告之一，也叫账务状况变动表，所表达的是在一固定期间（通常是每月或每季）企业现金（包含现金等价物）的增减变动情形。

现金流量表主要反映了资产负债表中各个项目对现金流量的影响，并根据其用途划分为经营、投资及融资三个活动分类。现金流量表可用于分析企业在短期内有没有足够现金去应付开销。

第四节　会计等式

会计要素中所包括的资产、负债、所有者权益、收入、费用和利润是相互联系、相互依存的。这种关系在数量上可以用数学等式加以描述，这种用来解释会计要素之间增减变化及其结果，并保持相互平衡关系的数学表达式，称为会计平衡等式，也称为会计等式。

会计等式是我们从事会计核算的基础和提供会计信息的出发点，所以，会计等式又是进行复式记账、试算平衡以及编制财务报表的理论依据，是复式记账的前提和基础。

一、资产、负债、所有者权益之间的数量关系

对于一家企业而言，要进行生产经营活动并且获取利润，就一定要拥有相当数额可供支配的资产，而企业的资产最初进入企业的来源渠道主要有两种：一种

由债权人提供，另一种由所有者提供。既然企业的债权人和所有者为企业提供了全部资产，就必定对企业的资产享有要求权，在会计上这种对企业资产的要求权被总称为权益。其中属于债权人的部分，叫债权人权益，通称为负债；属于所有者的部分，叫所有者权益。由此可见，资产表示企业拥有经济资源的种类和拥有经济资源的数最；权益则表示是谁提供了这些经济资源，并对这些经济资源拥有要求权。资产与权益相辅相成，二者是不可分割的。从数量上看，有一定数额的资产，就一定有对该资产的权益；反之，有一定权益，就一定有体现其权益的资产。世界上不存在无资产的权益，也没有无权益的资产，一家企业的资产总额与权益（负债和所有者权益）总额一定是彼此相等的。这种关系可以用如下等式表示：

资产 ＝ 权益

资产 ＝ 债权人权益 + 所有者权益

资产 ＝ 负债 + 所有者权益

会计等式说明了企业在某一时点上的财务状况，反映了资金运动中有关会计要素之间的数量平衡关系，同时也体现了资金在运动过程中存在分布形态和资金形成渠道两方面之间的相互依存及相互制约的关系。会计等式贯穿于财务会计的始终。

二、收入、费用和利润之间的数量关系

收入、费用和利润三个会计要素，在上面的三个要素的数量关系描述中没有被明确地表示出来，然而实际上已体现在该会计等式之中。所有者权益不但会因企业所有者向企业投资或抽资而变动，更主要的是还会随着企业的经营成果（利润或亏损）的变化而变动。企业发生费用，标志着资产的减少；企业获得收入，则标志着企业资产的增加。若收入大于费用，就会产生利润；若收入小于费用，就会产生亏损。所以，费用的发生，收入的取得，利润的形成，使收入、费用、利润这三个会计要素之间产生了如下相互关系：

利润 ＝ 收入 – 费用

企业的利润由企业所有者所有，企业的亏损也归所有者承担。企业一定时期得到的收入、支出的费用、形成的利润，是在一段时间内一天天积累起来的，在会计期间的起点与终点之间慢慢形成了一个时间跨度。所以，"利润 = 收入 – 费用"这一会计等式是企业资金运动状态的动态表现形式，因此，这一等式又被称为动态会计等式。这一等式说明，企业在经营过程中取得的利润或发生的亏损，对静态会计等式中的所有者权益数额一定会有部分增加或冲抵。

三、会计等式的不同表达形式

上述两个会计等式从不同的角度反映了企业资金运动的方式及结果。从资金运动的动态角度来看，随着企业生产经营活动开展过程中，不断地取得收入和发生支出，经过一定时间后，资金表现为"收入 – 费用 = 利润"的数量关系。它表明资金在企业生产经营过程中发生的耗费、取得的收入和形成的利润，反映了企业在一定时期实现的经营成果。从资金运动的静态角度来看，在特定时点上表现为"资产 = 负债 + 所有者权益"的平衡关系。它反映了资金在企业生产经营活动过程中所拥有和控制的经济资源及其来源渠道，同时也反映了企业在一定时点上的财务状况。这两个会计等式只是分别反映了企业资金运动的动态和静态，不具备全面性和综合性。因为企业的资金运动实际上是连续不断的，是动态运动与静态运动相互交替的统一体，这两个会计等式必然存在有机的内在联系。

把上述两个基本会计等式中的会计要素结合起来，就可以得到会计要素间的综合关系等式：

资产 = 负债 + 所有者权益 +（收入 – 费用）

或是

资产 = 负债 + 所有者权益 + 利润

将等式右边的费用移到与它具有相同性质的资产一侧，就得到了会计要素间的综合关系等式：

资产 + 费用 = 负债 + 所有者权益 + 收入

上面等式中的费用是资产的使用与耗费所造成的资产的减少；收入是使利润增加的要素，在性质上等于企业资金来源。这一会计等式体现了企业在某个会计期间内净资产的变动状况，是将企业的静态财务状况和动态的经营成果联系在一起的综合成果，它描述了各会计要素之间的内在关系。

企业在每个会计期末结算时，收入与支出项目构成计算利润的项目，利润经过分配后，上述综合等式又回复到起始形式，即资产 = 负债 + 所有者权益。

四、经济业务发生对会计等式的影响

所谓经济业务，就是企业在生产经营过程中从事的各种经营管理活动，这些经营管理活动能够用货币加以表现，因而也被称为会计事项。企业的经济活动种类多样，而且彼此之间差别较大，但总的来说，可以归纳为以下两类：

（1）应该办理会计手续，并且可以用货币表示的经济活动，即经济事项，比如企业采购原材料、缴纳税金等，本书主要介绍的就是这类经济活动。

（2）不需要办理会计手续，或是不能用货币表示的经济活动，即非会计事项，比如签订购销经济合同等。

尽管企业的经济活动种类多样，而且彼此之间差别较大，但经济业务发生后都会引起会计要素的增减变化。然而，不管怎样变化，都不会使会计等式的平衡关系发生变化。

按照各项经济活动对资产、负债与所有者权益的影响不同，可将其归纳为9种基本情况。

（一）资产和负债同时等额增加

经济业务的发生，引起资产项目和负债项目同时增加，双方增加的金额相等。

（二）资产和所有者权益同时等额增加

经济业务的发生，引起资产项目和所有者权益项目同时增加，双方增加的金额相等。

（三）资产和负债同时等额减少

经济业务的发生，引起资产项目和负债项目同时减少，双方减少的金额相等。

（四）资产和所有者权益同时等额减少

经济业务的发生，使得资产项目和所有者权益项目同时减少，双方减少的金额相等。

（五）一项资产增加，另一项资产减少

经济业务的发生，引起资产项目之间此增彼减，增减的金额相等。

（六）一项负债增加，另一项负债减少

经济业务的发生，使得负债项目之间此增彼减，增减的金额相等。

（七）一项所有者权益增加，另一项所有者权益减少

经济业务的发生，使得所有者权益项目之间此增彼减，增减的金额相等。

（八）负债减少，所有者权益等额增加

经济业务的发生，使得负债项目减少和所有者权益增加，双方增减的金额相等。

（九）负债增加，所有者权益等额减少

经济业务的发生，使得负债项目增加和所有者权益减少，双方增减的金额相等。

第五节 会计科目

一、设置会计科目的意义

经济业务的发生必定会引起会计要素发生增减变动。为了系统、全面、分门别类地反映各项经济业务的发生情况及其引起各项会计要素的增减变动及变动结果，从而便于更好地为会计信息使用者和管理当局提供所需要的会计信息，因此要设置会计科目。

所谓会计科目，是指对会计要素的具体内容按其特征和管理上的要求进行分类核算的项目。比如工业企业的各种厂房、机器设备及其他建筑物等的共性就是劳动资料，我们将之归为一类，根据其特点取名为"固定资产"。为了体现和监督负债和所有者权益的增减变化，设置了短期借款、应付账款、长期借款和实收资本、资本公积、盈余公积等科。为了反映和监督收入、费用和利润的增减变动而设置了主营业务收入、生产成本、本年利润和利润分配等科目。科学地设置会计科目是会计方法体系中非常重要的内容，对会计核算具有重要意义。

通过设置这些会计科目，不仅可以对会计要素具体项目进行分类，更为重要的是它规范了相同类别业务的核算范围、核算内容、核算方法和核算要求。设置会计科目是进行会计核算的一个必需环节，也是设置账户、处理账务所必须遵守的依据和规则，是正确组织会计核算的一个重要条件。

显而易见，假如不对经济业务进行科学的分类，并确定其归属，会计核算将会无法进行。设置会计科目，为全面、系统、分类地体现和监督各项经济业务的发生情况、由此引起的各项资产、负债和所有者权益的增减变动情况，以及经营收入、经营支出和经营成果创造了条件。

二、会计科目的设置原则

要科学地设置会计科目，就必须要按照以下原则进行。

（一）必须全面客观地反映会计对象的内容

设置会计科目时，一定要结合会计对象的特点，全面反映会计对象的内容。会计科目作为对会计工作对象具体内容进行分类核算的项目，其设置一定要结合会计对象的特点，以便分类反映经济业务的发生情况，及其引起的某一会计要素的增减变动和产生的结果，从而更好地为会计信息使用者和管理者提供所需要的会计信息。同时，会计科目的设置要能够系统、全面地反映会计对象的全部内容，不能有一点儿遗漏。除了设置各行业的共性会计科目以外，还要根据各单位业务特点和会计对象的具体内容设置相应的会计科目。例如，工业企业的经营活动主要是制造工业产品，因此必须设置反映生产耗费、成本计算和生产成果的"生产成本""制造费用""库存商品"等会计科目；零售商业企业采用售价金额核算，因此一定要设置反映商品进价与售价之间差额的"商品进销差价"会计科目；而行政、事业单位则应设置反映经费收支情况的会计科目。

（二）既要保持相对的稳定性，又要有适度的灵活性

会计科目的相对稳定，能使核算资料上下衔接，指标前后可比，便于对比分析和会计检查。但是，相对稳定并非一成不变，而要有适当的灵活性。这里所说的灵活性有两方面的含义：

1.要根据客观经济发展的需要，适时调整会计科目。

2.要根据企业经济业务繁简的实际，适度增设或合并某些会计科目。比如用实际成本进行材料日常核算的企业，可以不设"材料采购"这一科目，而另外设置"在途物资"科目；低值易耗品、包装物较少的企业，可以将其并入"原材料"科目，以便于简化核算。

对于灵活性的这个"度"，要以不影响报表的编报、汇总，也不会影响企业内部管理的需求为前提。

（三）既要符合企业内部经济管理的需要，又要符合对外报告、满足宏观经济管理的要求

会计科目的设置，要满足企业内部财务管理的要求，既要提供资金运动的全部资料，又要根据不同行业或不同环节的特殊性，提供对应的资料。如工业企业要设置反映、监督生产过程的一些会计科目，比如"生产成本""制造费用"等。利润的实现和分配，涉及到国家相关政策的执行和投资者的经济利益，所以，在设置"本年利润"科目以反映利润实现情况时，还要设置"利润分配""应交税费"和其他相关科目，从而反映利润的分配、抵交、提留和及时交款的情况。

设置会计科目除了要满足企业财务管理的要求外，还必须符合国家宏观管理的要求，以保持统一性，要与财务计划、统计等相关报表指标进行衔接。企业会计核算汇总的数据是企业进行经营预测和做出决策的重要根据，是编制有关报表的基础和前提，应该能从中直接取得数据和有关资料，从而保证提高工作效率和

保证报表质量。只有统一的会计科目和报表，才能满足管理层汇总的方便和决策的要求。

（四）既要适应经济业务发展的需要，又要保持相对稳定

会计科目的设置要适应社会主义经济的发展变化和本单位业务发展的需要。比如，随着《知识产权法》的实施，核算企业拥有专有技术、专利权、商标权等无形资产的价值及其变动情况，就有必要专门设置"无形资产"科目。再比如，随着社会主义市场经济体制的不断发展和完善，商品交易中因为商业信用而形成债权债务关系的现象越来越普遍，与此相适应，就应该设置反映该类经济业务的会计科目。

为了在不同时期对比分析会计核算所提供的核算指标和在一定范围内综合汇总，会计科目的设置要保持相对稳定，同时还要使核算指标具有可行性。

（五）既要保持会计科目总体上的完整性，又要保持会计科目之间的互斥性

会计科目的完整性是指设置的一套会计科目，应该能反映企业所有的经济业务，所有的经济业务都有相应的会计科目来反映，不能有遗漏。会计科目的互斥性是指每个科目核算的内容相互排斥，不同的会计科目不能有相同的核算内容，不然，就会造成会计核算上的不统一。保持会计科目的互斥性是保证会计核算的准确性、统一性以及会计信息可比性的重要前提。

三、会计科目分类

各单位设置的会计科目并不是彼此独立的，而应相互联系、相互补充，从而组成一个完整的会计科目体系，用来系统、全面、分门别类地核算和监督会计要素，为经济管理提供一系列的核算指标。为了能够准确地掌握和使用会计科目，就要对会计科目进行分类。会计科目的分类方法主要有两种：按经济内容分类和按会计科目提供指标的详细程度分类。

（一）会计科目按其反映的经济内容分类

根据其反映的经济内容的不同，会计科目可分为资产类、所有者权益类、负

债类、成本类和损益类。

（1）资产类科目又分为流动资产、长期投资、固定资产、无形资产及其他资产五种。其中，流动资产包括"现金""银行存款""其他货币资金""短期投资""应收账款""原材料"等会计科目。

（2）所有者权益类科目包括"实收资本""资本公积""盈余公积""本年利润""利润分配"等会计科目。

（3）负债类科目又分为流动负债、长期负债两类。其中，流动负债包括"短期借款""应付票据""应付账款""应交税费"等会计科目。

（4）成本类科目包括"生产成本""制造费用""劳务成本"等会计科目。

（5）损益类科目包括"主营业务收入""主营业务成本""投资收益""销售费用""管理费用"等会计科目。

（二）会计科目按其提供指标的详细程度分类

按照会计科目提供指标的详细程度，可分为总分类科目和明细分类科目。

总分类科目又称为总账科目或一级科目，主要是对会计对象的具体经济内容进行总括分类核算的科目。"固定资产""原材料""实收资本""应付账款"等就是总分类科目。

明细分类科目是对总分类科目核算内容作的做一步分类，它反映核算指标详细、具体的科目。比如"应付账款"总分类科目下按照具体单位分设明细科目，具体体现应付某个单位的款项。

在实际工作中，总分类科目一般由《企业会计准则指南》和国家统一会计制度规定，明细分类科目则由各单位根据经济管理的实际需要自行规定。假如某一总分类科目所统驭的明细分类科目较多，可以增设二级科目（也称为子目），再在每个二级科目下设置多个明细科目（细目）。二级科目是介于总分类科目和明细分类科目之间的科目。比如，在原材料总分类科目下面按材料的类别设置的"原料及主要材料""燃料""辅助材料"等科目，就是二级科目。

第六节　会计账户

一、会计账户的概念

会计科目只是对会计要素具体项目进行分类的项目，在进行会计核算的时候，不能用来直接记录经济业务的内容。假如要把企业发生的经济业务全面、系统、连续地反映并记录下来，提供各种会计信息，就必须有一个记录的载体。这个载体就是按照会计科目所规范的内容而设置的会计账户。通过会计账户中所记录的各种分类数据，就能够生成各种有用的财务信息。

设置并登记会计账户是对会计对象的具体内容进行科学分类、反映、监督的一种方法。企业的每一项经济业务发生都会引起会计要素数量上的增减变化，为了分别反映经济业务引起的会计要素的增减变化，便于为日常管理提供核算资料，就一定要设置账户。比如"原材料"账户，就是用来核算企业材料的收入、发出和结存的数量和金额。通过这个账户，就可以很方便地了解企业原材料购入、发出和结存的情况。

设置会计账户的基本原则与设置会计科目的基本原则是完全相同的。通过设置账户，有助于科学合理地组织会计核算，从而提供管理所必需的会计信息资料，设置账户可以把实物核算与金额核算有机地结合起来，从而有效地控制财产资源。设置科学的账户体系可以全面、系统、综合地核算、反映企业生产经营的全貌。另外，科学地设置账户还便于会计检查和会计分析。

二、会计账户的基本结构

要想记录好会计要素的变化情况，就一定要设置好账户的结构。经济业务多种多样，但是它引起会计要素数量的变化只有增加和减少两种情况，所以，账户应设置增加栏、减少栏，还要设置体现增减变化结果的余额栏。为了全面反映经济业务的时间、内容、记录依据等情况，还一定要相应地设置日期、摘要、凭证号数等栏次。

综合起来看，账户的基本结构通常应包括下列内容：

（1）账户的名称（即会计科目）；

（2）日期（记录经济业务的时间）；

（3）凭证号数（登记账户的依据）；

（4）摘要（简单说明经济业务的主要内容）；

（5）增加金额；

（6）减少金额；

（7）余额（增减变化后的结果）。

在借贷记账法下，账户的借方和贷方记录经济业务的增减金额，假如贷方记录增加金额，借方就记录减少金额；假如借方记录增加金额，贷方就记录减少金额具体哪方记录增加、哪方记录减少，就要看账户的性质。有关借贷记账法的详细内容，将在后面的内容中具体介绍，此处不再赘述。

在教学及工作实践中，为了便于说明问题，可以将账户结构简化成"T"字型，只保留记录金额的两栏，其他栏都省略掉，将增减相抵后的余额写在下面。这种简化后的账户称为"T 字账"或"丁字账"。

借贷记账法下的账户，其左方称为"借方"，右方称为"贷方"。至于到底是哪一方登记增加数、哪一方登记减少数，则需要依据经济业务的内容和会计账户的性质而定。以工业企业为例，各类账户性质的"借""贷"含义。

因为会计期间的划分，我们把每个账户在某个时期内（月、季、年）因经济活动引起的增减金额称为本期发生额，其中，把因经济活动引起的减少金额称为本期减少发生额（又称为本期减少额）；反之，把因经济活动引起的增加金额称为本期增加发生额（又称为本期增加额）。本期减少发生额与本期增加发生额两者相抵后的差额加上期初余额称为期末余额。另外，因为企业的经营活动是一期接一期连续不断地进行的，所以，这一会计期间的期末必定是下一会计期间的期初。因此，本期期末余额也就是下一会计期间的期初余额。

期初余额、本期减少发生额、本期增加发生额和期末余额这四项金额之间的相互关系可以用如下公式表述：

期初余额 – 本期减少发生额 + 本期增加发生额 = 期末余额

比如，某企业 5 月份"原材料"账户期初余额为 40 万元，本月购进 60 万元，本月领用 70 万元，那么该企业 5 月末"原材料"账户的期末余额为：

期末余额 = 期初余额 40 万元 – 本期减少额 70 万元 + 本期增加额 60 万元 =30 万元

这 30 万元既是 5 月份的期末余额，也是 6 月份的期初余额。

三、会计科目与会计账户的关系

公计科目与会计账户是两个不同的概念，不能加以混淆。这两者之间既有联系又有区别。

（一）会计科目与会计账户的联系

会计科目和会计账户用于分门别类地反映企业资金变化的经济内容，会计账户是根据会计科目来设置的，会计科目的名称就是会计账户名称，会计科目规定的核算内容就是会计账户应记录反映的内容。在实际工作中，会计科目和会计账户往往是互相通用的。

（二）会计科目与会计账户的区别

会计科目是对会计核算对象的具体内容进行分类核算的项目，只有分类的名称，没有一定的格式，不能把发生的经济业务全面、连续、系统地记录下来；而会计账户不仅有名称，而且有一定的结构（格式），能把发生的经济业务系统地记录下来，具有反映和监督资金增减变化的独特作用。

第七节　会计核算的基本前提和会计信息质量要求

一、会计核算的基本前提

会计核算的目的，是通过对经济活动进行的记录、计量来提供会计信息。会计所记录、计出的经济活动是非常复杂的，此中有些经济现象的规律性并没有被人们所认识，因而还无法用科学方法去计量和描述。为了使会计工作顺利地进行，就必须对会计实务中产生的一些尚未确知的事物，根据客观的正常情况或者发展趋势做出合情合理的判断和假设。这种判断和假设就是会计核算的前提条件，也称为会计假设。会计假设，简单地说就是指开展会计工作时对变化不定的环境所做的限定。会计核算的基本前提规定了一些会计核算工作赖以存在的前提条件，只有规定了这些会计核算的前提条件，才能够使会计核算正常地进行下去。

按照国际会计准则与国际惯例，会计核算的基本前提包括会计主体、持续经营、会计分期和货币计量四个方面。

（一）会计主体

会计主体假设也可以称为经济实体假设。会计主体指的是会计工作所服务的特定单位和组织，简单来说就是替"谁"做账，"谁"就是会计主体。会计核算的对象也就是企业的经营活动。生产经营活动由多种经济业务事项构成，每一经济业务事项又与其他有关经济业务事项相互关联，同时，不同企业之间的经济业务事项也彼此关联。因此，在进行会计核算时，首先要明确核算的范围，换一种说法，也就是要明确会计主体。

《企业会计准则——基本准则》第五条规定："企业应当对其本身发生的交易或者事项进行会计确认、计量和报告。"企业的会计核算和财务报表的编制应当将企业发生的各项交易或者各个事项作为对象，记录并且反映企业本身的各项生产经营活动。

会计主体的作用在于划定不同会计主体会计核算的范围、内容，它主要是规定了会计工作的空间范围。会计法规要求我们必须以企业作为会计核算的主体，也要求会计核算能够区分企业自身的经济活动和其他企业单位的经济活动；把企业和与之相关的利益主体，更重要的是和投资者、关联方企业的经济活动分别开来。会计主体仅仅核算本身发生的各项交易和各个事项，记录并反映企业本身的各项生产经营活动。只有这样才能正确地反映会计主体的资产、负债以及所有者权益情况，准确地提供并反映经营成果和企业财务状况的会计信息。

所谓交易，就是企业与外部主体之间发生的价值交换行为，比如，企业向供应商购买物资，面向经销商出售产品或者商品等。所谓事项，就是企业主体内部所发生的价值转移的行为，比如，制造业企业中的生产间所领用的材料以及生产成品完工入库等，同时也包含一些外部环境因素对企业所产生的直接影响，比如洪水、火灾等给企业造成的实际损失等。

按照不同的标准，会计主体可以进行不同的分类。依据会计主体的目标，会计主体可以分为两类——营利性会计主体（如各类企业、政府机构）和非营利性会计主体（如学校、医院和慈善机构等）；从经济活动规模来看，会计主体既可以是独立核算的单位和组织，又可以是它下属的单位、部门（比如企业的生产车间、医院的住院部或者门诊部等），还可以是由各个独立核算会计主体组合而成的集团企业。依据存在期限来看，会计主体可以是长期进行经济活动而存在的会计主体，也可以仅仅是为完成某项工作而建立的组织，如某项建筑工程、某场文艺演出的组织团队等。

会计主体和法律主体并不是同一个概念，不能相互混淆。按照一般情况，法律主体一定是会计主体，可是会计主体不一定是法律主体，任何一家企业，无论以哪一种形式存在，都是一个会计主体。但是在企业规模较大时，可以将它内部的某一个机构作为一个会计主体，要求它在规定时期内编制会计报表。在控股经营时，母公司及其子公司都是独立的法律主体，也都是会计主体，在编制会计报表的时候，同样可以将其组成的企业集团作为一个会计主体，将其所属的各会计主体予以合并，来反映整个企业集团的财务状况和经营成果。所以，会计主体既可以是独立的法人，也可以是非法人；既可以是一家企业，也可以是企业内部的某一单位；既可以是单一的企业，也可以是由几家企业构成的企业集团。

随着经济发展和技术进步，会计主体的外延不断地拓展。比如在如今这个网络经济时代，出现在互联网上的没有大量有形资产的网上企业、网上银行等虚拟主体，其界限无法准确确认，这就给经济业务的确认、计量及报告带来了许多新的问题。

（二）持续经营

持续经营指的是会计主体在可以预见的将来能够持续、正常地以现时的规模和状态继续经营下去，不但不会破产清算，而且也不会大规模削减业务。

企业是否能够持续经营对会计原则以及会计方法的选择影响特别大。只有持续经营，使企业所持有或者所控制的资产按照预定目标在生产经营的过程中被耗用、出售和转让，并且按照原先承诺的条件偿还债务，才能建立会计确认的原则和计量属性，企业的各项资产、负债在这一系列基础上得到正常确认、计量，收益、费用在这一系列基础上得以确定，企业在信息的收集和处理上所采用的会计处理方法才能确保稳定，会计核算才能正常运行。假如判断企业不会持续经营，企业的资产、负债、损益就会改变计量属性。《企业会计准则——基本准则》第六条规定："企业会计确认、计量和报告应该以持续经营作为基础。"

在社会主义市场经济条件下，企业破产清算的风险自始至终是存在的，换句话说，企业不能够持续经营的可能性是存在的。这就要求企业会计人员一定要定期对其持续经营前提做出分析和判断。假如判断企业不具备持续经营的条件，就不能够运用持续经营的会计程序和方法，而应该运用终止清算的会计程序和方法。

（三）会计分期

会计分期是表示将会计主体持续不断的经营活动分割为一定的期间。会计分期的目的就在于利用会计期间的划分，定期核算经济活动以及报告经营成果，以便快速地向有关方面提供反映经营成果、财务状况和现金流量的会计信息，满足企业内部加强经营管理和其他有关方面进行经营的需要。

在持续经营的状态下，要计算会计主体的盈亏状况，反映其生产经营成果，如果只是根据理论上说的,那只能等到会计主体所有的生产经营活动最后完成时,才能够利用收入和费用的归集与比较,进行准确的计算。可是实际上这是不允许的,更是行不通的。这是因为,企业的投资者、债权人、国家财税部门必须及时了解企业的财务状况、经营成果和现金流量,这就需要企业定期提供会计信息,以作为决策、管理和纳税的根据。要做好这一切,就要求会计人员将企业持续不断的生产经营活动人为地划分为相等的、较短的时期进行核算,反映企业的财务状况、经营成果和现金流量,这种人为的分期就是会计期间。

会计期间通常是一年,叫作会计年度。在《企业会计准则》中,规定我国企业的会计期间按照年度划分,而且以日历年度为一个会计年度,就是从每年1月1日至12月31日作为一个会计年度。每一个会计年度还具体划分为半年期(中期)、季度、月份,因而会计人员也就需要对会计资料按归属期进行年度、半年期、季度和月份的计算,提供年度、半年期、季度和月份的财务会计报告。我国以日历年度作为会计年度,更重要的是考虑到我国的财政年度和计划年度采用的是日历年度,会计年度与财政年度统一对国家的计划管理、财政管理和税收管理工作的进行都十分有利。

会计期间的划分对会计核算有着很大的影响。因为有了会计期间,所以产生了本期与非本期的差别,从而产生了权责发生制、收入和费用配比、划分收益性支出与资本性支出等会计处理准则。在这些基础上,会计处理可以运用预收、预付、应收、应付、预提和摊销等一系列会计处理方法。

会计期间假设的意义就在于确定了会计核算的时间范围,并由会计期间假设产生了具有期间特点的会计要素,比如收入、费用以及这些要素的确认与计量问题。

从上面的分析可以看出,会计分期假设是持续经营假设的必需补充。当一个会计主体持续经营且无限期时,就需要为会计信息的提供规定期间。

(四)货币计量

货币计量是指企业会计核算过程运用货币作为计量单位,记录和报告企业的生产经营活动,而且假定币值不变。

对于企业生产经营活动的计量，可以采用多种计量单位，比如实物数量、重量、长度、体积、货币等。在会计核算中之所以选择货币作为计量单位，主要是由货币本身的属性决定的。在社会主义市场经济的前提下，如果没有货币计量，单位只能依靠一个侧面核算企业的生产经营情况，不能在数量上汇总与比较企业的经营活动情况和成果，不利于管理和核算。一般商品的等价物是货币，它是衡量商品价值的共同尺度，为了全面地核算企业的生产经营、业务收支等情况，会计核算就确定以货币作为计量单位，核算和监督企业经营活动的整个过程。当然，统一运用货币作为计量单位也有不好的地方，譬如，影响企业财务状况和经营成果的部分因素（企业经营战略、企业技术开发能力、在消费者中的信誉度等）是不能用货币计量的。《财务会计报告条例》要求采用一些非货币指标作为会计报表的补充就是为了弥补货币计量的局限性。

在货币计量的前提下，企业的会计核算以人民币作为记账本位币。业务收支以人民币以外的货币为主的企业，可以选定一种货币用作记账本位币，但编制的财务会计报告应当折算为人民币核算。境外设立的中国企业向国内报送的财务会计报告，应该折算为人民币。

二、会计信息的质量要求

为包括所有者在内的各方而提供经济决策所需要的信息就是会计工作的基本任务。会计信息质量的高低是评价会计工作成败的准则之一。我国 2007 年颁布的《企业会计准则——基本准则》中提出了对会计信息质量的要求，其中包括可靠性、相关性、及时性、可比性、明晰性、重要性、稳健性和实质重于形式等几个方面。

（一）可靠性

"企业应该以实际发生的交易或者事项为依据进行会计确认、计量和报告，如实反映符合确认和计量要求的各项会计要素及其他有关信息，确保会计信息真实可靠、内容完整。"这一原则要求会计核算应该以实际发生的交易和事项为基础，真实反映企业的财务状况、经营成果和现金流量。

（二）相关性

"企业提供的会计信息应当与财务会计报告使用者的经济决策的需要相关，有助于财务会计报告使用者对企业过去、现在或者未来的情况做出评价或者预测。"会计信息是不是具有相关性，有两个基本的标准可据以做出判断。

1. 会计信息不但可以帮助会计信息使用者对过去、现在或将来的经济事项进行正确评价，而且还会影响信息使用者做出的相关决策行为。

2. 证实或纠正会计信息使用者过去做出的判断和评价，而且影响会计信息使用者的有关决策行为。

（三）及时性

"企业对于已经发生的交易或者事项，应该及时进行会计确认、计量和报告，不得提前或者延后。"会计核算工作要讲求实效，积极准时地处理各项经济业务事项，这有利于会计信息的及时利用。

（四）可比性

"企业提供的会计信息应当具有可比性。同一企业在不同时期发生的相同或者相似的交易或者事项，应当采用一致的会计政策，不得随意变更。确需变更的，应当在附注中说明。不同企业发生的相同或者相似的交易或者事项，应该采用规定的会计政策，确保会计信息口径一致、相互可比。"会计可比性原则就是要求企业的会计信息应当在下面两个方面做到相互可比：

1. 同一家企业在不同时期内发生的相同或者相似的交易和事项，应该运用统一的会计政策，不能够随便变更。如果有必要变更，应该将变更的内容和理由、变更的累积影响数或影响数不能够合理确定的理由等，在会计报表附注中给予说明。

2. 对不同的企业发生的相同或者类似的交易和事项，应该运用规定的会计政策，以确保会计信息口径一致、相互可比。

（五）明晰性

"企业提供的会计信息应该清晰明了，便于财务会计报告使用者理解和使用。"会计记录和会计报表应当清晰明了，便于理解和运用。明晰性要求会计核算提供的信息简明、通俗、易懂，可读性强，能满足不同层次报表使用者的信息需要，使他能迅速、准确、完整地了解企业财务状况和经营成果。

（六）重要性

"企业提供的会计信息应该反映与企业财务状况、经营成果和现金流量等有关的所有重要交易或者事项。"因经济业务的重要程度不同而采用不同的核算形式是会计核算中的重要内容。

（七）稳健性

"企业对交易或者事项进行会计确认、计量和报告应当保持应有的谨慎，不应高估资产或者收益、低估负债或者费用。"也就是说，企业在面对经济环境的不确定性因素时，在使用专业判断、计量和披露会计信息时，应当保持谨慎或稳健的态度，必须避免高估资产和收益的会计处理。

（八）实质重于形式

"企业应当按照交易或者事情的经济实质进行会计确认、计量和报告，不应仅以交易或者事项的法律形式为依据。"也就是说，企业应该按照交易或事项的经济实质来进行会计核算，不应该只按照它们的法律形式作为会计核算的依据。它的宗旨在于准确保证会计信息真实，准确地反映企业的财务状况、经营成果以及现金流量的情况。

三、会计计量属性

我国《企业会计准则——基本准则》规定，企业在将符合确认条件的会计要素登记入账并列报在会计报表（又称财务报表，下同）及其附注中的时候，应该按照规定的会计计量属性进行计量，确定它的金额。会计计量主要包括五种属性，即历史成本、重置成本、可变现净值、现值、公允价值。

（一）历史成本

历史成本就是实际成本，是指企业会计核算中，资产按照购置时支付的现金或者现金等价物的金额，或者按照购置资产时所付出的对价的公允价值计量；负债按照因承担现时义务而实际收到的款项或者资产的金额，或者承担现时义务的合同金额，或者按照日常活动中为偿还负债预期需要支付的现金或者现金等价物的金额计算。物价变动时，除国家另有规定者外，一律不得调整其账面价值。对资产、负债、所有者权益等会计要素的计量采用实际交易价格或成本，主要是因为实际交易价格或成本有客观依据，既便于查核，也容易确定，比较可靠。

需要注意的是，假如资产已经发生了减值，它的账面价值已经不能够核算其未来可以收回的金额，企业就应该依照规定计提相应的减值准备。

（二）重置成本

重置成本是表示在现实条件下，资产依照现在购买相同或者相似资产必须支付的现金或现金等价物的金额计量。负债依照现在偿付该项债务必须支付的现金或者现金等价物的金额计量。

（三）可变现净值

可变现净值是表示资产依照其正常对外销售所能够收到现金或者现金等价物的金额，扣减该资产到完成工作时将要发生的估算成本、估算的销售费用和相关税费后的金额计量。

（四）现值

现值是表示资产依照预计从其持续使用和最终处置中所产生的未来净现金流入量的折现金额计量，负债按照预计期限内需要偿还的未来净现金流出量的折现金额计量。

（五）公允价值

公允价值计量是指资产和负债按照在公平交易中，熟悉情况的交易双方自愿进行资产交换或者债务清偿的金额计量。在公平的交易中，交易双方应该是持续经营企业，未计划或不需要进行清算、大幅缩减经营规模。

企业在对会计要素进行计量时，一般应该运用历史成本，采用重置成本、可变现净值、现值、公允价值计量的，应该保证所确定的会计要素金额能够取得并且可计量。

第八节　会计方法

一、会计方法的概念

会计方法是用来核算和监督会计对象、完成会计任务的一种手段和方法。会计是一种经济管理方法，它受一定的社会经济环境的影响和制约。在社会经济环境发展变化的同时，会计方法也逐步更新，会计服务的领域也持续拓宽。

会计方法主要包括以下几个方面：会计核算的方法、会计监督的方法、会计分析的方法和会计预测、决策的方法等。会计核算是会计中最基本的环节，会计监督、会计分析、会计预测和决策等都是在会计核算的基础上，运用会计核算资料进行的更进一步的加工处理。本节重点介绍会计核算的方法。

二、会计核算方法

会计核算的方法是针对各单位已经发生的经济活动进行完整的、连续的、系统的核算和监督所运用的方法。它主要包括以下方法：设置会计科目及账户，复式记账，填制和审核凭证，登记账簿，成本计算，财产清查，编制会计报表等。这一系列的专门方法就是会计核算的主要方法。下面简单地说明各种方法的特点和它们之间的相互联系。

（一）设置账户

设置账户是对会计对象的具体内容，按其不同的特点以及管理的需要，进行分类核算与监督的一种独特的方法。会计的对象，包括了再生产过程中能够用货币表现的经济活动的所有方面，其内容十分复杂。为了获取有用的会计信息，必须对这些复杂的经济活动进行分类、归纳，并使其以会计要素的方式出现，予以分门别类的计量与记录。设置了账户，就可以对生产过程中各个会计要素的增减变动情况及其结果做分类记录，进行全面、系统的核算与监督。

（二）复式记账

复式记账是记录经济业务的方法之一。其特点是针对每一项经济业务，都要在两个或两个以上相互联系的有关账户中按相同的金额同时进行记录。运用这一方法，可以完整、真实地反映每项经济业务的内容及其前因后果。这种方法在对应的账户上用相等的金额进行记录，自然就形成了双方平等的关系。这种平等的关系，不但可以保持每项经济业务记录的正确性，而且便于发现账簿中的记录差错。

（三）填制和审核凭证

会计凭证就是记录经济业务、明了经济责任的书面证明，它是登记账簿的重要证据。对已经发生的经济业务，都要由经办人员或有关单位填制凭证，并且签名盖章。所有的凭证都要经过会计部门和有关部门的审核，只有经过审核并认为正确无误的凭证，才能作为记账的依据。通过填制和审核凭证，可以保证会计记录有根有据，并明确经济责任，可以监督经济业务的合法性和合理性。

（四）登记账簿

账簿是用来全面、连续、系统地记录各项经济业务的簿记，也是保存会计数据资料的重要工具。登记账簿是将所有的经济业务按其发生的时间顺序，分门别类地记入有关账簿。登记账簿必须以会计凭证为依据，按照规定的会计科目设置账户，形成账簿，将所有会计凭证记录的经济业务分别记入有关账户，并定期结账，账簿所提供的各种数据资料是编制会计报表的主要依据。登记账簿使大量分散的会计凭证得以归类，并被加工成完整、系统的数据，可以使会计信息更好地满足各方面的需要。

（五）成本计算

成本计算是以一定的产品为对象，对其在各个经营过程中所发生的种种费用，按照产品的种类和数量进行归集和分配，并且计算该对象的总成本和单位成本的一种专门手段。通过成本计算，可以考核经营过程中各项费用的节约和超支，揭示出成本水平的变动情况，为加强管理、挖掘潜力、降低成本提供依据，这对实现增产、节约开支、提高经济效益具有举足轻重的作用。

（六）财产清查

财产清查是通过盘点实物、核对账目，查明各项财产物资、货币资金实有数的一种专门方法。通过财产清查，不但能保证账实相符，而且还能防止和杜绝各种物资的积压和毁损，避免应收应付款项拖欠等情况的出现，对加强物资管理、提高资金利用率、保证会计信息的质量都有利。

（七）编制会计报表

会计报表是用一定的表格形式，根据账簿记录定期编制的，总括反映企业、行政和事业单位特点和一定期间财务状况、经营成果和现金流量的书面文件。编制会计报表是对日常核算的总结整理。将账簿记录的内容定期地加以分类整理和汇总，为会计信息应用者提供必需的最根本的数据资料，不但满足了企业管理者进行决策的要求，而且还可以满足和企业有利害关系的集团和个人了解企业财务情况、经营成果和现金流量的需求，同时还满足了税务部门明了企业纳税情况的需要。编制会计报表时，为了正确报告会计信息，应做到数字真实可信、计算准确、内容完整、说明清晰。

第三章　多视域下的会计理论

第一节　会计学若干理论问题

任何一门科学的建立，都有其独特的理论体系，不然就不能称其为科学。会计学亦是如此。其通过对各种财务活动、财务报表等的收集、整理、分类与分析，为相关单位的经济发展战略的制定提供了较为详细的参考数据，这些都基于它本身较为系统的理论体系。不过也应看到，会计学在开始建立时，其自身的理论体系并没有十分严密和完整，它是在之后的生产发展中日趋完整起来的。本节仅就会计学的几个基本理论问题加以探讨。

现代社会的发展速度飞快，先进技术层出不穷，也有多种多样的公司应运而生，同时对会计的专业性和能力都有较严格的要求，如果想要从事财务相关的工作，首先需要学习相关专业并考取资格证书，才可以有被选择的资格。因此需要从业人员不断学习探索，为公司和社会创造财富。

一、概念问题

每门科学都应有自己特定的概念，以区分与其他科学的不同。但是对于会计这一门科学来讲，它是没有自己固定的含义的。每个人对于会计的理解与说法都不相同，大体可以总结为以下几类：①"工具类"。这种理解方式大概说的就是会计在计算的过程中会运用到自己专业相关的知识，以及会计专业的计算方法，来计算公司中的各种表格，并将最后计算出来的结果相加求出总和。②"方法类"。其主要是运用货币交易的经济交往方式来对具体的账目进行计算，并指导公司的具体项目。③"综合类"。这种方式主要是将工具类与方法类的认知结合在一起。这类学者认为，具有工具类的特征又具有方法类的特征，于是称之为综合类。④"管理类"。这种方式的提出晚于前面的三类，主要是在近现代时期才总结出来的，主要讲的是会计分析报告类的活动。

上述列举的这几类是最具代表性的，除了这几类对于会计的基础认知之外，还存在许多对于会计的定义，在此就不一一讲解。笔者认为我们对会计所做的定义不是一个固定的，而是在不同时期，它所发挥的不同作用来做一个区分。如果仔细琢磨对于会计概念的各种区分，就会发现会计的发展史，其实是一个从简单的雏形逐步进入精良的一个系统，会计是在始终不断地发生变化、不断优化自身结构。据文字记载，早在我国的周朝时期，就已经专设管理全国钱粮会计的官吏，产生了所谓"大宰""司会"等称谓。《十三经注疏——周礼天官篇注疏》也明确指出："司会主天下之大计，计官之长，以参互考日成，以月要考月成，以岁会考岁成之事。"后来随着我国社会的不断发展与进步，才将会计一词衍生出来更多的意思。等到了现代的社会中，它成为以货币作为主要的计量单位来对生产过程中的资金运动进行监管的一门科学。

二、对象问题

会计作为一种社会活动，主要针对的目标是利用财务人员来为公司整体指引正确的努力方向。如果要问会计的主要研究对象是什么，那是没有固定说法的，但总结起来也不过分为以下几类：①"运动论者"，持有这种观点的学者强调，会计主要是针对社会经济发展中的资金的流动问题进行研究，因而其主要研究对象是社会再生产过程中的资金运动问题。②"经济活动论"，这种观点主要是以货币为计量单位，然后应用会计的相关知识，指导相关人员在从事工作的过程中，会为公司产生巨大的收益。因而其主要研究对象是行政单位在社会主义再生产过程中能够用货币表现的经济活动；③"信息论"，认为相关人员利用会计的这种活动方式对公司进入和支出的账目进行一个明细的记录，记录下来的这些进出账目代表着一个企业的数据信息。

第二节　环境会计基本理论

环境会计是会计领域一门新型的交叉学科，关于环境会计的概念、假设、计量、报告及记录等是研究的核心问题。通过对其相关内容的梳理，提出具有实践性的观点、程序、方法，希望能对今后的研究、实际操作提供理论上的支撑。

一、环境会计

20 世纪下半叶，国际上许多先进的欧洲国家将会计与环境这两方面交叉形成一门新的学科。环境会计主要的内容是从会计的角度来分析环境污染，以及环境绿化等问题，针对环境提出了一系列的会计属性问题，这个话题一经提出就受到了全球许多国家的关注，一时间成为国际上的焦点话题。

环境会计是以环境资产、环境费用、环境效益等会计要素为核算内容的一门专业会计。环境会计核算的会计要素，采用货币作为主要的计量单位，采用公允价值计量属性，辅之以其他计量单位及属性完成会计核算工作。但环境会计货币计量单位的货币含义不完全是建立在劳动价值理论基础上的。按照劳动价值理论，只有交换的商品，其价值才能以社会必要劳动时间来衡量，对于非交换、非人类劳动的物品，是不计量的，会计不需要对其进行核算。然而这些非交换、非人类劳动的物品有相当部分是环境会计的核算内容，因此，环境会计必须建立能够计量非交换、非劳动物品的价值理论。

二、环境会计假设

（一）资源、能源的价值

当今社会的快速发展，为我们带来一定的经济效益的同时，也使环境压力不断增大，在对科技进行研发的时候就需要消耗许多的资源，有一些资源是无法再生的，开采一点就会少一点。因此人们在追求经济效益的同时也应该时刻关注环境的变化，运用环境相关的会计要素，就可以对所耗用的资源以及资源的存储量进行估算预测。

（二）国家主体

环境是我们每个人生存所需要的必然条件，环境的好与坏关系着我们每一个人的生存。因此我们可以将环境看成是全体人类的共同权益，每个人在实现自己经济效益的同时都需要对环境负起一定的责任，因为在对资源进行开采或者对资源进行利用的时候，他所运用的是我们全体人类的资源，而不是个人的。因此需要对环境造成的破坏或者损害担负一定的责任，国家和政府应该发挥自己的主体地位，制定相关的法律法规来保护我们的生存环境，对于过度开采等不正当的行为，采取一定的惩罚措施，对已经产生破坏的环境实施补救计划。

（三）资源循环利用

大自然中的资源有一些是有限的资源，经过开采之后总量就会减少，因此要学会对资源进行循环再利用，尽量提高资源的使用率，使资源下降的速度减慢减缓。环境与我们的生产生活相连接，具体的资源循环过程为：对资源的开采，然后生产出产品，在产品被利用完之后产生的废气物，将废弃物进行再生。如此反复使资源得到一个合理开发与循环利用，可以将环境污染以及对资源的开采降到最低，也可以提高资源的利用率，为社会带来经济效益的同时对环境起到一定的保护作用。

（四）价值等多种计量

环境会计也不同于之前的会计定义，它将会计的基本要素赋予了许多新的定义，并不单纯的以货币为计量单位来进行的商贸经济活动。当国家对生态环境进行补救或者建设的过程中，环境会计不能用货币的方式来判断其价值，现在存在的最大的问题是无法将会计与环境会计两种概念融合在一起来进行估算与预测，需要想办法将二者融为一体发挥其更大的价值。

三、环境会计的确认与计量

环境会计确立和计量的概念，对它进行研究与探索的过程是非常艰难的，因为无法将研究对象以及计量单位做一个明确的界定。将环境会计建立在边际理论与劳动价值理论的融合基础上，按照这二者的计算测量方式来对环境会计进行相似的算法，如果想要真正研究清楚环境会计本身的含义，就需要去探索环境会计要素确认的特殊性，侧重研究单位环境会计中资产负债的会计要素的确认问题。

（一）环境负债的确认与计量

在环境会计中有许多要素被赋予了专业性的定义。比如为了实现经济效益，而对环境或者资源产生损耗，被称为单位环境负债。这就意味着需要用自己的资金对造成的不良影响进行弥补，尽自己最大的可能将资源与环境恢复成原样，如果不能就要对环境进行一个补救。单位环境负债有自己的特点，按照对环境负债的把握程度，可以把环境负债分为确定性环境负债和不确定性环境负债。

1.确定性环境负债的确认与计量

公司在生产经营的过程中，对环境产生了不良的影响，以及对资源开采产生一定的破坏性，政府及其相关人员会对公司进行惩罚，要求他们承担其单位环境负债具体的内容，主要包括要将排污费水的费用以及对环境破坏的程度进行一个罚款，并且在计算完之后，按照所破坏的程度及对环境污染进行一个经济赔偿与生态还原。

环境责任是指公司与企业在追求经济利益的同时，对环境产生了一定的破坏。那么就需要对它收取一定的费用以及根据相关法律措施进行惩罚。比如对公司收取排污水的费用以及环境破坏的罚款与补偿，这些具体需要担负的责任，可以按照相关处罚部门所确定的金额以及处罚的程度来进行计算，如果这样来看待环境责任的问题，那么它就是一个非常简单的问题，只需要按照规定的金额来进行计算就可以了。如果想要将环境责任导致的负债情况按照相关法律的要求进行修复，在来界定其具体含义，那么这个问题就被复杂化同时也不再具有确定性，因为这所涉及的要素与企业的道德以及社会的责任相关联，无法用具体的数字以及具体的法律来界定，且会受到许多外界因素的影响，那么就没有办法简单地根据几个数字或者几条法文来判断需要付的责任是多还是少，并且在为企业质量造成的环境问题，进行补救。不同的企业承担的能力也并不相同，有些企业无法担负起他们身上的环境责任，他们的资产也不够担负环境负债，所以就没有办法来进行评判与估计，因此需要有环境责任，这一概念进行更加完善的修补。

2. 非确定性环境负债的确认与计量

非确定性环境负债也是环境负债的一种，这种非确定性主要是由于在企业经营生产的过程中，并非主观意识上对环境的破坏，而是由于忽视了某些环境问题而引发的污染与生态破坏，当真正发生破坏和后续的惩罚时，才可以作为企业的一项支出项目来处理，但由于这是事前没有办法预见到的事件，因此在处理的过程中不会有具体的方式，这种环境负债所提供的信息也不具备完整性。单位环境会计应当借鉴或有负债的理论与实践来处理环境影响责任问题。如果环境责任发生，且其导致的损失金额可以合理地予以估计、计提或有损失。

（二）环境资产的确认与计量

1. 环境资产界定

对于环境资产的界定，目前资源环境经济理论界与会计学界的看法并不一致，且形成了下述三种主要的看法。

（1）环境会计具有不确定性以及不稳定的特征，因此与环境会计相关联的各种属性以及要素也都根据时代的不同被赋予了不同的定义。就环境资产而言，许多学者是通过对于环境会计的认识而了解到的，因此在他们的脑海中环境资产所代表的定义，也是根据背景的不同，而被赋予了不同的含义。欧洲有环境资产学家对环境资产进行了定义，认为环境资产是社会与自然相碰撞而带来的资产；另外一些人认为环境会计的对象应当是自然界全部的资源；还有相关人员认为环境中存在的资源，节约环境资产并对环境资产进行利用的时候，需要给予一定的资金才可以使用。综合各位学者的观点，可以得到，大家认为的环境资产主要包括的是资源资产和生存环境资产。

（2）联合国国民经济体系认为只有真正产生经济效益，并且有固定的法人的公司才具有享有环境资产的权利。为了印证这种说法，研究的人或团体必须都拥有自然资产，并且还要掌握相关的专业技术、专业知识以及资金和资源都做一定的预算，并且标明价格。自然环境资产可以为公司带来一定的经济效益，核算体系对自然资产的界定也是相对模糊的，但是可以确认的是有一些资产不能被认为是自然资源，比如自然界的空气、水资源是人类必须用到的资源，就没有办法被列为自然资源，因为这些要素对于环境的影响是非常大的，也可以说几乎充斥着我们整个生产生活的环境，是没有办法人为控制的，因此不能将它们列为环境资产。

（3）上述是从较大的国际角度来将环境资产进行分析的。如果将环境资产具体到我们生活的每一部分可以形成具体的定义，即为利用环境所产生的经济效益，而这种经济效益所需要的环境成本就被定义为环境资产。

2. 环境资产的确认与计量依据

在环境资产的确认问题上，主要就是对以往的贸易交易以及生产生活所对环境资产的利用率进行一个统计分析与估算预测。将环境资产用哪种单位来定义，是我们现行社会主要需要考虑的问题。

一个项目是否被确认为还净资产，主要是看他是否满足以下四个前提。

第一，符合定义。对于单位发生的成本只有符合这一环境资产的定义才可确认为单位的环境资产。

第二，货币计量。对于单位发生的不能用货币计量的有关活动或事项就不能确认为单位的环境资产。

第三，决策相关。只有与信息使用者决策相关的环境成本的资本化才能确认为单位环境资产。

第四，可计量性。由于单位环境资产是单位环境成本的资本化，而环境成本往往是单位付出了一定的代价的。因此，对单位环境资产是单位环境成本的资本化，而环境成本往往是单位付出了一定的代价的。因此，对单位环境资产取得时，其价值可以按所花代价进行计量。这种计量是有据可查的、可验证的，因此其计量结果应当是相当可靠的；否则，就不能确认为单位环境资产。综上所述，只有那些单位发生的环境成本中同时符合环境资产要素的定义、可用货币计量、与使用者的决策相关和能够可靠的计量等确认标准的项目才有可能被资本化，确认为环境资产。

3. 环境资产的确认与计量方法

（1）增加的未来利益法，即导致未来经济利益增加的环境成本应资本化。这是从经济角度考虑的，不过，对于污染预防或清理成本，在被认为是单位生存绝对必要的条件时，即使它不能够创造额外的经济利益，也应予以资本化。

（2）未来利益额外的成本法，即无论环境成本是否带来经济利益的增加，只要它们被认为是为未来利益支付的代价时，就应该资本化，这是从可持续发展的角度考虑的。

（三）环境成本的确认与计量

环境成本与传统单位成本相比，具有不确定性，但仍能根据相关法律或文件进行推定。在目前的会计制度体系中，在权责发生制原则下，环境成本应满足以下两个条件。

第一，导致环境成本的事项确已发生，它是确认环境成本的基本条件。如何确定环境成本事项的发生，关键是看此项支出是否与环境相关，并且，此项支出能导致单位或公司的资产已减少或者负债的增加，最终导致所有者权益减少。

第二，环境成本的金额能够合理计量或合理估计。由于环境成本的内容涉及比较广泛，因此，其金额能不能合理计量或合理估计则是确认环境成本的重要条件。在环境治理过程中，有些支出的发生能够确认，并且还可以量化，如采矿单位所产生的矿渣及矿坑污染，每年需支付相应的回填、覆土、绿化的支出就很容易确认和计量。但有些与环境相关的成本一时不能确切地予以计量，对此我们即可以采用定性或定量的方法予以合理地估计，如水污染、空气污染的治理成本和费用，在治理完成之前无法准确计量，只能根据小范围治理或其他单位治理的成本费用进行合理估计。

环境成本的固有特征决定了环境成本确认的复杂性，严格确认环境成本是正确确认环境资产的前提条件。因此，必须强化环境成本确认的标准，为环境资产的确认奠定基础。

四、环境会计报告

披露环境会计信息的方式包括独立式环境会计报告模式等。

（一）环境资产负债表

独立式的环境资产负债表是单位为反映环境对财务状况的影响而独立编制的资产负债表。借鉴传统财务会计的做法，环境资产负债表左方登记环境资产，右方登记环境负债及环境权益，也遵循"资产＝负债＋所有者权益"这一理论依据。

在环境资产负债表中，环境资产是参照传统会计的做法分为环保流动资产和环保非流动资产两部分。

环保流动资产用来核算与单位环境治理相关的货币资金、存货、应收及预付款项；环保非流动资产包括单位所拥有或控制的自然资源以及与单位环境治理相关的固定资产、无形资产、长期待摊费用等。

环境负债主要包括两部分：一是为进行环境保护而借入的银行借款，包括短期环保借款和长期环保借款；二是应付的环境支出，可按其内容分别设"应付环保款""应付环保职工薪酬""应交环保费""应交环保税"等科目进行反映。

（二）环境利润表

设置单独的利润表，可以较好地让信息使用者了解单位的环境绩效，揭示单位保护环境和控制污染的成效。

环境利润表按照"环境利润＝环境收入－环境费用"这一等式，采取单步式结构计算利润。

由于环保工作带来的社会效益等难以计量，故在环境利润表中的环境收入只通过环保交易收入、环保补贴贡献收入、环保节约收入三大项目来反映。其中，环保交易收入是指单位在生产经营过程中的各项交易事项形成的与环境保护有关的收入，可分为单位出售废料的收入、排污权交易收入以及因提供环保卫生服务获得的收入等。

环保补贴贡献收入是指单位获得的政府给予的环保补贴或因取得环保成果而得到的社会奖金，可分为政府给予单位的支持环保的补助收入和环保贡献奖金收入。

环保节约收入则是单位在环境治理中取得的各项节约收入，这一部分收入虽然可能不容易直接计算，但仍然是属于单位在环境治理中获得的经济利益，理应计入环境收入。

环保节约收入可分为单位节约能源及材料的节约额、排污费节约额、节约的污染处理费、节约污染赔偿费，因环保贡献而受政府支持取得的低息贷款节约利息额、减免税收节约额等。

环境费用则按其性质和作用分为环境治理费用、环境预防费用、环境负担费用、环境恶性费用四类。

环境治理费用是单位治理已经存在的环境影响而发生的支出，可分为单位因治理环境花费的材料费用、绿化、清洁费用、环保设备折旧费以及由于购入环保材料而支付的额外费用。

环境预防费用是单位为防止环境污染支付的预防性支出，环境预防费用可以分为环保贷款利息、环境机构业务经费、环境部门人员工资及福利、员工环境教育成本、社会环保活动开支等。环境负担费用则是单位理应承担的环境保护责任支出，可分为排污费、与环境有关的税金支出、其他环境费用等。

环境恶性费用是由于单位环境治理不力而导致的负面性的开支，可分为环境事故罚款及赔偿、环保案件诉讼费。

（三）会计报表附注

在报表附注中披露以上报表项目中不能反映的非财务信息、单位环境会计所采用的具体目标和特定会计政策，如单位环境状况及环境目标完成情况简介、环境资产的计价与摊销政策、环境利润的确认政策等单位面临的环保风险。主要包括国家环保政策的可能变动、上市公司所处行业的环保情况及未来发展趋势分析等环境法规执行情况，依据的环境法律、法规内容及标准以及执行的成绩和未能执行的原因等，主要污染物排放量、消耗和污染的环境资源情况，所在环境的资源质量情况，单位本期或未来的环保投入情况，治理环境污染或采取环保措施而获得的经济效益和社会效益，环境事故造成的影响及处理情况，单位内部环保制度、机构设置，环保技术研发、环保培训、环保活动等开展情况。环境会计变更事项主要包括环境会计方法的变更、报告主体的改变、会计估计的改变等。

环境会计所研究的末端治理模式的特征是先污染后治理，或者是边污染边治理。它把环境污染看作是生产中不可避免的。在末端治理范式下，自然资本成为被开发的对象，在生产中处于被动的和受忽视的地位。自然环境和自然资源的价值被人为地降低，很少被维护，以至于被破坏，这是环境会计研究所不能解决的难题。

第三节　经济学成本与会计学成本比较

经济学与会计学都是研究人类生产生活与资产财富的内部关联的，二者之间也存在着一定的连接关系，成本就是二者之间研究的共同要素。本节从不同的角度，利用会计学的相关知识和技巧来对成本进行深入的研究，并尽可能地发现成本在会计学中的重要性，并分析不同的角度所观察到的成本概念可以为会计学的发展产生哪些有利影响。

一、会计学中的成本定义

一些国家对成本进行过深入的研究，并有些资深的会计学家给出了成本一词在会计中的定义，他们认为成本就是为了达成某种目的而为此付出的时间和资金等财富，这种付出的具体事物，具有一定的价值和使用价值，可以通过标准衡量出它在社会生产中所代表的价值。还有人认为，成本是为了达成某一种目的，而对自然资源和社会资源产生了损耗，这种损耗就是成本。综合前人的各种观点我们可以将成本的概念放在会计中来解释，其主要内容包括劳动力通过劳动而获得的报酬、自然给予我们的各种资产资源以及我们在生产生活中消费的金钱，这些都可以被称为成本。

成本在会计的领域中主要表现出一些具体的特征：一是只看眼前消耗的成本，不需要考虑过去和将来的；二是只将可以看到的成本记录下来，不计隐性成本；三是成本应该是存在于我们每个人工作和生活中，在这两种经济运动中所消耗的资金；四是这种成本可以用一定的标的物表示出来，无法表示出具体价值的，不可以计入成本。

二、经济学中的成本定义

（一）生产成本

在经济活动的过程中，有劳动生产就会有成本的产生，从经济学的角度来分析成本的概念，可以从以下两点内容来看。

1. 短期成本

由于时间较短、生产的成本不高，因此成本的增加和减少都不会太明显。短期成本主要包括可变成本（TVC）和固定成本（TFC）两部分，前者会随着生产数量的多少也实时跟着变化。后者则是固定不变的，不受其他外界因素影响。短期成本有两个重要概念：平均成本（AC）和边际成本（MC）。平均成本又可分为平均固定成本（AFC）、平均可变成本（AVC）和平均总成本（AC）。平均固定成本随产量增加而递减，平均可变成本、平均总成本、边际成本随产量的增加而经历递减、最小、递增三个阶段。

2. 长期成本

长期成本是发生在较长的一段经济活动中的运动，在较长的一段时间内，成本是可以控制的，市场提价就可以减少购买的数量，想办法提升质量，如果市场价格降低，就可以用较低的成本购入较多的原料。通过调节生产的数量来对成本进行有效的控制。

多个短期成本构成一个长期成本，短期成本不具有代表性，通过对长期成本的观察，可以发现生产经营中隐含着的成本定义。

（二）机会成本

成本可以细分为很多的种类，其中的机会成本是指在两个选择中需要通过放弃一个才能获得另一个机会，这过程中被放弃的那个就可以称作机会成本。这种成本不是可以用货币等实物来衡量出来的，而是通过放弃一部分才能获得一部分的方式产生的放弃成本，它所侧重的不是当前的收益与亏损，而是对未来收益的一种预见性，由于选择而对未来被放弃的部分产生的收益，即自己所放弃的机会成本。机会成本的产生可以促使决策者更快地做出对自己最有利的决定。

（三）边际成本

边际成本是指由于单位产量每增加一单位所增加的成本费用。它可以通过总成本增量和总产量增量之比表示出来：MC=d（TC）/dQ。从概念得知，边际成本是可变成本增加所引起的，而单位可变成本又存在着先减后增的变化规律，因此，边际成本（MC）也必然是一条先降后升的 U 形曲线。

在将边际成本考虑在成本中时，需要注意生产的规模越小越好用，因为规模较小也意味着更好控制成本。如果范围过大时，可能会导致边际成本随着总量的变化变得更多，所以要多角度地考虑边际成本和产生收益之间的关系，合理利用边际成本的方法来分析生产经营的具体情况。

（四）交易成本

在经济活动中会产生商贸交易，其中产生的成本被称为交易费用。对于这一定义相关学者也持有不同的观点，有的学者认为这部分费用可以获得市场中的有利的资源和消息；还有人认为交易成本不止包括获取信息的成本，还包括对交易过程中产生的监管费等；学者威廉认为，交易费用可以通过事先和事后这两种方式来进行区分，事先成本是指在交易还没正式开始之前所发生的资金变动，事后成本指在交易活动后出现的问题，所承担的费用。

交易成本适用于特定的前提下，比如必须是处于社会经营中的人与人之间发生了实质性的交易，在交易产生了之后，才可以用交易成本的定义；交易成本不是经营过程中的实物交割，而是一种不接触实物的交易，因此可以得到结论，交易成本和生产成本不是一个概念；只要是发生在我们生活生产中，不论是有形还是无形的交易产生了资源和产品消耗，都属于交易成本。

三、会计学成本与经济学成本比较

（一）相较于经济学，会计学更具有具体性，在分析成本上也更为详细，在研究对象上，经济学是从广义上去研究成本的，一些经济学家的眼界开阔、知识渊博，在研究的时候所关注的也是全局的观念，注重从全部的经济活动中去对成本进行具体分析；从会计角度出发，相关学者则更加注重生产所产生的成本以及对客观事物具体的影响。

（二）会计人员的日常工作是对公司的账目进行记录和计算，他们记在账目上的只是实物的支出和进入，却无法记录下来一些隐性成本，这些隐性成本包括一些选择中产生的放弃成本，即机会成本。但经济学对于成本这方面的研究时间较早、思想较成熟，他们在计算成本的时候，会将具体的机会成本、边际成本以及实物的生产成本都记录下来，并运用复杂多样的经济算式将全部的可预见的成本加以计算，最后得到的成本会更符合实际情况。

四、用发展的眼光看成本理论

在当今社会经济在飞快发展，科技水平在逐日提高，想要真正地认识这个世界上的事物，就需要用发展的眼光去看问题。无论是哪种理论都在随着时代的变化不断地优化、不断地改变，成本定义也是一样的，在古代时期与现代时期都有着不同的含义，要不断地更新自己的思想观念，用符合时代要求的方法去看待成本这一概念。在以前科技水平一般的时候，好多信息是没办法获得的，只能通过经济学家进行预测和分析，然后才能继续研究。但是现在科技水平得到了快速的发展，在网络上可以获得很多的资料，也为科研人员和相关学者提供了很多探究依据，使科研家们可以有更多的理论作为预测的依托。

会计这门学科主要是为了服务于公司或者社会需求，而随时改变自身的职能，经营生产的过程对会计的工作范围有着很大的关联。在现代经济发展快节奏的社会，会计要从经济学的角度去分析成本这个重要的经济要素，把成本研究透彻，会对整个会计史的发展有很大的影响。

（1）传统会计成本正从单纯计量过去信息，向能动地运用信息参与决策，提供未来信息的方向发展，即由静态向动态，由计量过去到计量未来。

（2）会计成本的控制从原来的只关注自身所产生的消耗到现在开始注重内外部共同作用产生的消耗。

（3）在最开始时，会计的工作只需要对账目的收入和支出做出核算，并记录清楚就可以，但后来随着社会的发展，对会计的要求越来越高，这就迫使会计需要掌握更多的技能和专业知识。

（4）会计成本由以货币计量为主向采用多种综合计时手段并存的阶段发展，如在美国，一般大型单位都在其年度报告中附有简要的社会责任履行和环境保护情况的说明。

第四节　经济学视域下的会计学

随着我国经济水平的不断提升，各行各业都取得了持续有效的发展，在这种大环境下，可以说，会计工作是支撑单位发展的主要原动力，因此会计学分析就显得尤为的重要。但由于对会计学的研究较短，还没有形成完整的研究体系，需要借助其他成熟的知识来支撑对会计学的研究，经济学就是很好的一个研究依据。我国非常重视经济学科的探索，在这方面也形成了一个相对完善的系统，所以将会计与经济结合在一起来研究，是非常科学、合理的方法。一些会计学家将经济方法融入会计中时，使计算和估算都变得更加精准，不仅提高了自己的工作效率，也为企业带来丰厚的利益。经过一段时间的应用，也证明了这种方法的可行性。本节主要运用经济学的思维以及一些经济学方法来对会计进行分析和了解。

一、会计学概述

会计学是一种能够将会计工作本质、变化规律以及体系构造直观地呈现给相关学者的知识体系，会计学相较于其他的学科有着本质上的区别，其本身具有许多独有的特征，这些特征主要表现在以下几个方面：第一，体系化特征，会计学经历了数个发展阶段，就目前来看，会计学已经由多个各分支学科转变为一个总体学科。这种将分支融合成一个整体的方法，在经济学中是资源的有效整合，可以将各个部分组合在一块，发挥最好的效果。第二，具有统筹全局性，经济学角度的会计学，其工作重点在于通过观察工作中的规律性事件和整个行业的发展趋势，从而制订相对应的工作计划，并将观察到的现象整理成报告，为相关人员提供指导。

二、经济学视域下会计学分析的意义

我国人们生活水平的不断提升，经济的快速发展，也使我国对会计管理的标准越来越高，需要会计掌握更多的技能才可以满足社会发展的需求。为了使会计学能够适应我国各大单位的发展进程，必须要在经济学视域下准确有效地进行会计学分析。会计从经济学的角度来分析，主要具备以下三个方面的特征：首先，会计和经济之间是两门学科，但是有一部分知识将这两门学科紧密地联系在一起。我国的会计发展史是个很丰富的过程，因为在不同的时期对相关人员的要求都是不同的，人员所掌握的技能也是具有时代性的，在不同的社会背景下，人员都会与时俱进地研究出符合时代发展的新技能，在当今社会，人们都追求经济带来的丰厚利润，因此会计就将自身和经济联系在一起，在经济中归纳出会计知识和技巧，然后来用于服务企业发展。其次，要想将会计的问题结合经济学角度来分析，就不能只去研究会计，另一门学科也要兼顾，将这两者一同作为发展的奋斗目标，才可以真正将这种方法融会贯通，灵活地将两种知识运用在一块去解决探索中的问题，不断地从经济学身上寻求成功经验，并加以借鉴，再结合会计的相关情况，进行具体的研究。最后，运用对照观察的方法，将这两者的概念、属性、要素等具体的知识进行对照分析，并找到经济学中发展较为成熟和成功的地方，运用到会计管理的方法中去。

三、经济学视域下的会计学分析

就我国经济学而言，我国的相关研究学者在实际研究的过程当中主要强调三点。第一，各种商业机构所制造的产品以及劳动力与单位之间的关系、劳务关系。第二，运用何种方式来进行生产制造，制造出那种符合单位发展的产品以及业务，以及如何进行资源配置。第三，商业关系。围绕着这三点来进行性相关的研究分析，可以极大地提升分析结果的准确性、时效性及实用性。从宏观的角度来讲，在经济学视域下的会计学分析主要就是研究经济市场当中的劳动产出、就业情况、产品以及业务的价值、对外贸易情况这四个点。从本质上来讲这四方面的研究就是财政政策以及收入政策的研究统计。而准确有效地分析出这几点的实际情况可以使我国会计市场当中的总供给以及总需求得到平衡，同时也能够为会计工作提供极大的便捷帮助，进而提升会计的工作效率，使会计工作发挥出应有的作用。研究表明，会计学分析的内容较为复杂，所涵盖的知识点也较为烦琐。

从以上内容来看，从经济的视角来分析问题，可以为会计的发展提供理论依据，会计在运用成熟的经济知识一点一点地揭开经济会计的神秘面纱，让我们国家逐步对经济会计有了一定的认识，并且可以在探索研究之后形成自己的一整套完善的知识，对未来的企业发展提供一定的指导。

第五节　产权理论与会计学

单位的产权分离是会计学研究的一个崭新的方向，是产权理论与会计学的有机结合。产权的本质是对稀缺资源的产权问题研究，一些经济学问题都可以通过产权理论框架进行分析。单位提供会计信息是一个必然的事实，单位进行会计信息披露的本质原因在于财产所有权。从产权理论思路出发，能够对会计产生和发展有更深入的了解。

一、产权理论的相关概念

产权理论是经济学的相关知识延伸出来的，主要的内容是对资源的合理配置和经济秩序运行中的交易所产生的费用二者之间相互作用所产生的影响，定义中的经济秩序主要内容是市场的自我调节和政府的宏观调控。产权理论的兴起与我国会计的相关研究有着密切的关系，产权给会计的各个方面都带来了有利的发展，从中可以看到会计在不断地提升自己的职能，并且向好的方向去发展。

用产权相关知识和角度去看待会计的发展，并对会计的相关知识进行具体分析，分析会计运用的过程中涉及的产权流程顺序，并且用产权相关的方法来对会计进行监管和指导，在具体的现实生活中，将会计和经济产权相结合，开创会计附属属性的新概念，这一理论可以将困难复杂的经营活动有序化，可以通过专业的流程，从而解决实际问题，并对应对现在市场上的问题提供一定的借鉴。

二、产权理论与会计学的关系

产权理论是会计研究的起点，产权关系决定着会计确认、计量方式、记录难度和报告程度，而社会中一次次的产权变革便促进会计产生、发展和完善。因此，产权理论对会计的影响也逐渐明晰，可将其分为三个方面：①会计反应和控制产权交易行为，从产权理论角度来讲，社会上的一切经济活动都是产权交易；②会计准则的制定与产权密切相关，维护与保护产权所有者的利益是会计法律制度建立的出发点；③产权的特征决定会计的发展方向，各个产权所有者在为利益进行博弈，因此，会计满足各个产权所有者所必需的信息。

第六节　"互联网+"环境下会计学专业人才培养

近年来，随着互联网在我国市场经济实践中的不断应用，电子商务得到快速的发展，电子支付方式被广泛应用，这些都促进了会计内容的不断变化。本节主要就我们现在生活环境必须要用到的网络，以及电子支付方式来对会计各方面产生的变化进行描述，并且为寻求培养会计人才提出新的解决办法。

一、会计人才培养

随着我国经济的不断发展，对科学研究方面的人员需求也就越来越大，这就需要各高校以及各单位可以为社会提供具有专业能力和有专业知识的人才。就会计这方面来说，这本就是一个很难的学科，学习会计需要掌握精密的算术以及各种专业知识，因此对会计人才的培养与训练是一个漫长而又困难的过程，如果想要得到专业性的会计人才，是需要花费许多时间、资金与精力的，而且在培养人才的过程中，我们需要明确当今社会需要的是什么样的人才，针对当今社会的经济市场提供与之相符合的会计人才。在如今我们生活的社会环境中，最具代表性的就是发达的网络，几乎每个人的生活都离不开网络，那么处于现在这个时期，对于会计人才的培养，主要应该注重的是计算机的使用能力。

二、互联网对会计学基础理论的影响及人才培养对策

无论是对哪一学科的学习都要先从基础的理论知识学起，培养会计人才也是同样的。如果想要对其进行培养，需要让他先了解与会计相关的基础知识，也就是需要他在刚开始学习会计时先去掌握会计相关的概念以及计算方法、实验操作过程中需要用到的技能。在刚开始接触会计的时候要先从简单的部分学起，这部分主要包括对于其概念和方法的简单概述，以及一些简单的公式，再对一些不需要太多技术的操作来进行实践。对于初步的概念主要是围绕着记账和开户等方面来进行的，简单方法包括会计凭证以及对报表进行计算等入门技能，在刚开始学习的时候需要对这些看似简单但是对于算术要求很高的计算进行反复的练习。我们学习知识为的是解决现实生活中所遇到的问题，会计存在的意义就是对我们生活中大大小小的收支进行计算，但是当今的社会主要运用网络来进行各种人际交流以及经济活动，许多网络上的店铺以及现实生活中的线下店，都可以通过手机支付来完成，我们会发现身边纸币出现的场合越来越少，大部分的交易都是通过

手机支付的。那么这一现象的产生也会对会计产生一定的影响，意味着会计不能再以原来那种学习方式来学习了，因为已经对于现在的社会不具有实用性，因此应该转变自己的学习方向。主要会计影响如下：

第一，会计在社会中的主要地位受到影响，因为人们的收支不再依赖于记账的这种方式，而是通过手机、电脑简单地输入就可以得到结果，会计人员无论是在生活还是工作中，如果不改变自己的思想观念就没有办法很好地适应现代社会的生活。

第二，在互联网还没有像现在这样普及的时代，会计的记账是需要进行记月账就可以了，也就是一个月汇报一次结果，但是由于网络的出现可以随时随地就知道账目，因此它带给人们的便利性比传统的方式更好，就会更受大家的青睐。

第三，会计是以纸币作为标记物的，但是在当今的社会纸币使用越来越少，大多采取简单快捷的手机支付。

第四，会计的记账凭证发生改变，在原来的时候是需要用纸张来进行记录的，但是由于现在网络的发展以及人们熟练地使用计算机记账功能，完全可以运用计算其中的表格以及相关软件来对凭证进行记录，将传统会计烦琐的记账方式简单化，也可以让人们更快更方便地得到结果。会计报表由网上报表，采用通用代码编辑。

第五，如果运用原始的清算方式需要将货物每一样的进入与卖出都进行明细的记录，会使一些金额较小、体积较小的货物在进行记录的时候件数较多、较复杂，但是由于网络的兴起，每件商品的背面都会形成条形码，通过对条形码的扫描即可以在电子会计账户中形成进货与卖出的记录，而且一些企业或者个人是为公司采购物品，在我们现在的社会中可以直接打印出相关的凭证，也不需要再像从前一样需要开许多证明，走复杂又麻烦的流程，这样既方便又快捷，也节省了顾客与店家的时间，可以为社会创造更多的经济效益。

上述提到的这五点表现都是网络快速发展对会计造成的影响。警示我们在对专业知识学习的过程中，也要时时关注社会生活中的变化。让自己学的知识可以结合实际的生活环境解决现实生活中的实际问题，并为社会创造财富与收益。网络与会计的这个问题给我们的启示是应该在学习会计知识的同时，加强对计算机知识的学习，将计算机与会计两门学科融合在一起发展现代会计。学生还应该在课余时间多去参与社会实践活动，即对商品的条形码扫描以及相关凭证打印等附属能力进行学习。

三、互联网对财务会计的影响及对策

伴随着互联网的不断普及，在会计这个学科上除了简单会计受到影响之外，财务会计也在一定的程度上受到了影响，为了适应时代的变化，财务会计在应用的过程中也应转变其方式，主要表现为以下几个方面。

（一）在之前的财务会计中，对于货物存货量的计算方式主要是先进先出法，这种方法主要强调的是货物进入仓储的顺序，先进入的话就可以在有需要的时候先出库，让存储货的数量与其流转中的成本保持一样，这样计算出来的结果才会比较靠近真实的结果。但是在当今网络发达的前提下就不需要运用这种烦琐的方式了，因为网络上对于存货的进入与出去都会有一定的代码流程，只需要输入相应的代码就可以让货物按照预定好的供应链进行物流运动。由于电子商务的发展，网上销售占比越来越大，而网上销售可实现直销，商品由厂家直接发往消费者，这样网络营销单位销售会计核算业务也发生了相应变化。直销商品成本结转如下。

借：主营业务成本

贷：在途物资

而传统销售成本结转为：

借：主营业务成本

贷：库存商品

（二）在传统的财务会计中，因其工作量繁重、操作较难，所以许多数值的计算是估算得到的，这样做的目的是避免数字太大或公式太复杂使会计人员的工作没有办法按时完成。但是在网络信息化的时代就不会出现这种因为估算而产生的误差，因为计算机只需要简单的操作，即可得到精准的结果。坏账准备会计准则规定可以用应收账款百分比法和账龄分析法处理，在互联网下，会计上应收账款可以通过应收账款系统进行账龄自动管理，通过设置不同账龄下的坏账比率，可自动计算坏账数额。计算机的功能非常广泛也比较全面，因此如果手中有即将到期限的投资也可以通过计算机及时地算出应得的利率与收益，但是如果在以前是没有办法得到这部分收益的，因为在传统的财务会计中折旧收益是忽略不计的，不然会无故增加会计人员的工作。在之前的财务会计结算中，为了缓解会计人员的复杂计算，往往会在月初的时候对固定资产的折旧率来计算，而不是采取年限法和双倍余额递减法来进行，就在当今的互联网时代就可以使用这些复杂的方法来进行计算，折旧的计算更加精准。

（三）互联网对财务会计报表的影响。为推动单位会计信息标准化建设，财政部于2010年发布了《财政部关于发布单位会计准则通用分类标准的通知》，将可扩展商业报告语言（XBRL）技术规范系统应用到会计工作中，于是产生会计报表元数据的概念，元数据是关于数据的数据（dataaboutdata），它是一种广泛存在的现象，在许多领域有其具体的定义和应用。元数据是描述其他数据的数据，或者说是用于提供某种资源的有关信息的结构数据，是描述信息资源或数据资源等对象属性的数据。

在互联网环境下，网络销售新业态出现，各种网络居间单位出现，导致新的会计核算方法和业务出现，当机器人销售出现后会出现会计业自动化。因而，会计人才培养应反映这种变化，会计人才应知道有关商业智能相关知识，应对网络直销知识有相应的了解，并对跨境电商软件使用有所了解。同时还应学习网上报税，网上通关知识。结合互联网对会计报表的影响，应对会计人才开设元数据相关知识讲座，开设大数据分析课程，并对数据采集技术，射频技术进行讲解。

四、互联网对成本会计的影响及对策

（一）在互联网下传统成本核算日益简单化和自动化

在现代网络发展迅速的时期，计算机的应用得到了普遍的认可，人们大多数的工作与生活都离不开计算机，对于会计来讲计算机也成了重要的工具。就会计成本审核和计算的这部分工作来说，就可以实现将传统成本计算中复杂的方法，通过运用计算机的方式，把其简单化，而且计算机的计算可以大量减少会计人员的工作量，也可以对原来工作中的估算进行精算，使会计计算成本的结果更加精准有效，也对指导具体的经济活动产生有利影响。

（二）互联网下作业成本成为新宠

作业成本法（Activity-Based Costing，简称 ABC）是一种以作业为基础的成本核算制度和成本管理系统。作业成本法以成本对象（产品、服务、客户等）消耗作业，作业消耗资源为理论原则，以作业为中介，确定成本动因，把资源成本归集到作业上，再把作业成本归集到相应的成本对象上，从而摆脱了传统成本核算无法分配复杂而高额的间接费用和辅助费用的困境，使间接费用和辅助费用分配得更为合理，以便较及时、准确、真实地计算出成本对象的真实成本。

第四章 财务会计模式创新研究

第一节 现代财务会计模式的缺陷

财务会计是企业管理的重要内容，建立科学、先进、合理的财务会计模式，对提高决策正确性、强化企业经营管理、实现企业经营效益目标起着不可忽视的作用。本节从分析财务会计模式的根本缺陷入手，对优化现代财务会计模式提出了几点建议，期望对提高财务会计管理水平有所帮助。

一、财务会计模式的根本缺陷

（一）传统会计模式的缺陷

在传统会计模式下，会计业务处理独立于其他业务流程，只负责记录和审查已发生的经济业务，根据原始凭证进行记账，编制各类账簿和报表。从本质上来看，传统会计工作集中于对单据的流转与记录，这就造成了传统会计缺乏灵活性。由于传统会计不涉及业务工作，所以在成本核算、固定资产管理、应收账款管理等方面未能发挥其应有的作用。同时，传统会计模式缺乏对管理决策的参与，仍停留在财务会计记账层面，尚未履行会计管理职能，这种粗放式、简化式的会计模式，已经无法满足现代企业管理要求。

（二）财务预算管理缺陷

现阶段，越来越多的企业开始重视预算管理，将其作为财务管理的重要内容。但是，一些企业在预算管理实践中却存在着管理体系运行缺陷，具体表现为：员工参与预算管理的积极性不高，预算制度未能获得员工的支持；预算根据工作计划编制，采用固定预算编制法，使预算缺乏可执行性，经常出现较大预算执行偏差；预算考核形同虚设，没有将预算考核纳入部门绩效考核范围内，同时也缺乏必要的奖惩措施，从而弱化了预算的刚性和约束力。

（三）财务会计管理体制缺陷

国内部分企业存在这样一种现象，投资者即经营管理者，由此对企业财务会计管理工作的开展造成了不利影响，如决策的科学性及民主性不足，导致财务管理工作无法顺利进行，企业内控对财务的监管和审计无法健全，财务会计管理的作用难以有效发挥。同时，企业管理者未对财务会计管理工作予以足够的重视，使得财务会计管理在企业经营决策方面无用武之地。此外，因财务会计管理制度不够完善，相关人员在工作中没有制度可依，工作的规范性和科学性不够，对企业的经营决策造成了影响。

（四）财务会计报告缺陷

财务会计报告受现行会计制度和会计准则的影响，呈现出一些缺陷，具体表现在以下三个方面：一是财务会计报告忽视价值核算。在现行会计制度下，会计遵循历史成本原则进行核算，将成本核算作为重点，而轻视价值核算。如果发生严重的通货膨胀，则会影响财务报告信息的真实性，出现历史成本明显低于现行重置成本的问题。二是无法反映未来经济活动。财务报告是对历史会计数据的汇总，会计信息使用者通过财务报告了解到企业过去一段时期内的财务状况和经营成果，但是却无法获取未来一段时期内的经营预测信息。三是信息披露不完整。财务报告只能披露企业财务信息，而与经营业绩相关的非财务信息却未能得到披露，如企业人力资源状况、企业经营优势、企业商誉情况、企业经营风险等方面。应当说，上述列举的现代财务会计所存在的种种矛盾和障碍，既有来自实践中有关利益阶层的推动，也有来自会计理论认识上的偏差。

二、现代财务会计模式的优化措施

（一）拓展会计管理职能

当前，传统的会计模式已经难以适应企业的发展需要，所以必须进一步拓展会计职能，促使会计核算为企业管理服务，从单一的事后核算转变为集事前预测、事中控制、事后核算于一体的会计管理体系。企业要重视财务部门在经济管理中的重要地位，让财务部门参与到企业管理与决策中，具体措施如下：首先，建立多元化财务会计目标。会计工作要以提高企业经济效益、服务企业长远战略发展、维护投资者利益以及提供有效会计信息为目标，履行自身会计管理职责。其次，参与企业投资决策。利用会计核算所获取的经济数据，从经济效益角度出发，对投资项目进行经济预测，预计未来收益，综合考虑风险因素，从而做出正确的投资决策。最后，成本效益分析。会计工作要加强与其他业务部门的协作，及时获取采购、生产、销售、应收账款回收等方面的信息，做好成本效益分析，为企业调整产品结构、制定销售策略、改进生产模式提供依据。

（二）落实全面预算管理体系

企业单位要落实全面预算管理体系，使预算覆盖到企业各项经济活动中，通过预算管理提高单位资金使用效率，实现资源优化配置。首先，调动全员参与预算管理。根据企业战略发展规划制定预算总目标，将预算总目标层层分解，落实到各部门、各岗位，形成全员参与预算管理的良好氛围。其次，引入科学的预算编制方法。预算编制根据业务特点的不同选用与之相应的编制方法，如零基预算法、弹性预算法、滚动预算法等，使预算更加合理、严谨。再次，强化预算执行刚性。严格按照审批通过的预算对各项经济业务进行控制，针对预算执行偏差进行分析，找出原因，采取有效的纠偏措施。在非必要的情况下，尽量不对预算做出调整，维护预算的权威性。最后，落实预算绩效考核。构建起完善的预算绩效考核指标体系，对考核单位的预算执行情况进行客观评价，并根据考核结果落实奖惩措施，使预算与部门、个人的利益挂钩。

（三）完善财务会计管理制度

为有效解决企业财务会计管理制度中存在的缺陷问题，必须逐步完善财务会计管理制度，具体可从以下几个方面着手。其一，可对财权进行适当集中，并对管理加以强化。总机构应当具备以下权力：资金调度权、资产处置权、收益分配权、投资权。而各分支机构则只具备经营权，借此来实现分权型管理向集权型管理转变。其二，对物资可实行统一采购，借此减少采购成本，可借鉴政府集中采购制度，节省仓储费用，加快资金的周转速度，提高资金使用效率。其三，可在企业中推行目标管理模式，该模式是一种现代管理理念，它以对最终成果的考核为核心，实现对企业内部各部门的绩效考评与控制，其管理思想是激励，通过各种激励方式调动各部门的经营和管理积极性。其四，应健全内部机制，加大财务监管力度，确保财务会计管理的权威性和地位，使其作用得以充分发挥。

（四）改进财务会计报告体系

现代财务会计报告体系应更加全面地反映企业过去和未来一段时期内的经营成果与财务状况，增强财务会计报告的有用性。财务报表是财务会计报告体系的核心，三大报表要满足相关性、可靠性、可计量性的要求。将财务报表中所披露的会计信息划分为核心信息和非核心信息，核心信息采用历史成本计量属性，非核心信息可引入公允价值等计量属性。在财务报表中，要加入对投资报酬、变现能力、财务弹性等方面的披露内容。在财务报表附注中，要增加与企业经营业绩相关的非财务信息披露，如融资方式风险、物价变动信息、经营活动不确定性事项、商誉评估等内容，使信息使用者更加全面地了解企业发展环境和发展能力，从而提高财务会计报告的使用价值。

总而言之，新形势下财务会计模式必须与时俱进，加快模式创新与优化，促使财务会计更好地服务于企业发展，满足财务信息使用者的需求，实现预期的发展目标。在财务会计实践中，要结合现代企业制度，构建起完善的会计管理体系、全面预算体系、财务会计管理体制以及财务会计报告体系，从而推动现代财务会计模式不断发展。

第二节　数据时代财务会计模式转型

大数据给经济的发展带来诸多影响，人们可以借助数据分析事物发展的动态，制定科学的发展策略。同时，基于大数据体现的发展优势，财务会计需要改变之前的工作方式，要顺应行业发展需求，改革工作体系。通过分析大数据时代发展下财务会计变革的背景，思考财务会计转型发展的思路，从而展望其发展趋势及影响。数据时代财务会计模式的研究能让企业科学地了解大数据下财务会计呈现的发展优势，促使企业积极转变财会工作的模式，努力提升财务工作的创新性，帮助企业实现健康长远的发展。

财务会计的发展与经济以及社会进步有着密切联系。当前，人类已经步入信息化的时代，财务会计随着市场环境的变化不断发展及完善，可以说，财务会计是依照经济环境而发生变化的，并进行相应的改革以及转型，这样能促使财务会计与社会及国内经济实现协调性的发展。特别是随着现代信息化技术的不断深入发展，企业的经济数据在不断增长，数据量在爆炸性增加，数据结构也变得越来越复杂。在这样一个信息数据爆炸的时代，大型国有企业和民营中小企业都在加快发展的步伐，希望能找到一条提高核心竞争力、实现企业财富和资源稳步增长的途径。

一、大数据时代的财务会计变革背景

现代社会中数字化信息瞬息万变，变得更多、更快，从商业到科学，这些变化和影响无处不在，为此，一些科学家和计算机工程师为这个现象创造出了一个新名词："大数据"，这个时代也被称为"大数据时代"。

大数据，也称海量数据，是指所涉及的数据量已经太大，它不能在合理的时间内被人脑或主流软件检索、管理和处理，整理成积极帮助企业经营决策的资料。大数据时代随着科学技术和互联网的发展已经逐步到来，现在，每个企业每天都会生产出大量的数据，数据的量级已经从 B、KB、MB、GB、TB 发展到了PB、EB、ZB、YB，甚至能达到 BB、NB 和 DB。

大数据逐渐走入人们的生活中，企业应该依照发展趋势完善原有的财会体系，让企业发展能符合时代需求。会计工作必须对工作体系进行革新，提升其时代发展的先进性，为此，立足大数据的发展，企业必须对财务工作进行创新发展。对于企业来说，大数据时代的管理和传统的管理最大的区别就在于如何分析和利用这些海量数据，大数据时代的管理是基于对海量数据的科学分析，而不是凭直觉和经验进行业务决策；财务会计的本质是在数据收集、数据分析的基础上进行的数据量化的管理。然而大数据技术中的数据仓库以及数据挖掘技术，可以使企业的管理更加精细化，使财务管理中的各种工具，包括预算的管理、成本的管理、业绩的评价、会计报告等，在进行商业决策的过程中发挥出越来越重要的作用，因此财务会计也要相应地做出一些变革来适应大数据时代的要求。

（一）财务会计人员需要收集和存储更多的信息和数据

不能对大数据呈现的价值进行评估，就不能对有用信息进行精准的估算。运用大数据创新技术能更科学地反映出企业整体的运行状态，给数据提供更加便利的条件。企业对大数据进行搜集和整理，可以提升企业整体的市场份额，为企业获得较好的竞争优势。会计部门是与数据信息紧密联系的部门，如果可以运用大数据所提供的发展数据，则能给企业提供发展信息。因此，这就要求企业的财务人员能够熟悉信息技术，并能够快速地在海量数据和复杂数据中寻找有价值的数据，从而充分反映企业业务的发展，消除信息的不对称问题。

随着市场经济的发展，企业获得发展利润的核心因素是成本控制，这也是微利时代的发展要求。在大数据时代下，从事成本控制的财务人员要具备扎实的专业素养，也要对企业整体发展过程进行高度关注，在企业的生产过程和内部控制过程中，控制产品的报废率、生产效率及成本差异等指标。立足成本控制的体系，企业能对成本数据进行深层分析与挖掘，对各项成本数据进行科学的收集工作，并分配和分析这些数据，为企业的决策提供帮助，为企业成本的有效控制奠定基础。

（二）财务会计需适应大数据提出的处理需求

大数据改变信息传递的方式，增加网络信息的数量，传统的财会数据处理存在诸多不足，整体处理能力较差，不能对数据进行有针对性的筛选及处理，因此，财务人员只能对财务数据进行传统方式的分析，依据数据变动掌握企业呈现的变化趋势，分析企业整体的运营能力，但是不能对企业整体运营能力进行深层面的分析，整体处理能力较差。为此，财务会计应该对数据信息进行全面管理，分析出有价值的财会数据，并对它们进行处理以及分类管理。同时，企业应该针对信息的种类制订不同的发展方案，以此对未来发展做出更科学的规划，有助于企业实现健康的发展。此外，企业需要借助大数据开展统筹工作，给企业在经济层面的发展提供帮助。从整体层面上讲，大数据时代要求财务会计具备信息数据统筹以及综合管理能力，这也是当前财务会计缺少的专业能力，只有具备这些专业能力才可以为企业提供更多的优质服务，增加企业整体竞争能力。

（三）财务信息的使用者提出了个性化需求

财务会计工作是为经营者提供信息、帮助决策的一项系统性工作。随着市场经济的不断发展，市场整体竞争程度较高，要想获得利益，企业就应该保障决策的科学性，也需要保障其正确性，而人们更关注适用性，这就导致企业财务会计目标发生变化，逐渐从管理责任转变为决策责任。随着大数据的出现，更多企业关注到云计算的应用，数据以及企业信息数量不断增加，用户呈现的财会信息需求更加多样化，也更加个性化，体现出很强的不可预测性。为此，大数据发展要求企业更加关注财务会计信息的个性化，对原有的会计工作提出更多的挑战。在大数据时代的发展过程中，财务会计工作应重视这一发展趋势，采取积极的措施来应对这一不确定性。

（四）非结构化数据的价值日益凸显

目前，企业和事业单位的会计处理主要涉及各种结构化数据的处理。随着现代计算机技术的发展、信息技术的创新和网络技术的更迭，会计人员对结构化数据的处理越来越方便。在这方面，技术已基本成熟，并已能非常熟练地处理结构化数据的计算、汇总、统计等。如果遇到大量的企业财会数据，可以应用商业软件实施处理，以此完成相关的财务会计工作。但是，随着数据时代的深度发展，很多半结构及非结构的数据软件应用到岗位工作中去，这样的转变不仅反映在数据的量的变化上，而且充分地体现在所产生的价值上，所以，会计人员需要从众多的企业数据中寻找那些有价值的财会数据，并且对这些数据进行充分的分析，并从这些数据中找出非结构化的数据。所挖掘的数据价值越多，就越能提升经营者的整体竞争实力。为此，管理者应该重视财务信息的精准性，逐步提升财务数据在财务工作中的作用，财会人员应该重视对各项数据的分析以及运用，提升这些财务信息的利用能力，逐步强化财务数据的价值。

（五）财务会计数据的精准性要求越来越高

传统财务报告的工作，主要是在对数据进行基本确认、进行计量等工作基础上实施的。企业的财务数据和相关业务数据是企业管理的重要资源，由于技术手段不足和不完善，它的价值没有得到充分发挥，未能引发充足的关注。部分企业在进行决策时受到技术条件等条件的限制，并没有充分且及时收集、整理及分析符合决策工作需求的财务数据，这就导致对数据进行分拣的难度加大，整体处理效率低下，影响企业最终财会数据的精准性及可用性。许多财务管理数据在被企业生成财务报告前一直处于未被重用的状态。大数据提升技术研究的科学性，企业可以对各种数据进行科学的处理，并对数据进行整合，更好地挖掘有价值的财会信息及有效的发展数据，促使企业获得更好的发展，这样能提升财务数据的精准性，促使财会工作实现科学的发展。

（六）财务会计人员需转换角色

大数据改变传统财务工作的角色，使之摆脱之前的角色。会计人员不仅要开展简单的核算及整合等基础工作，也要实施更高层面的财会工作。传统的财会人员能立足报表数据进行分析，为管理者提供相关的决策依据。随着市场竞争的加剧，之前简单的报表数据分析不能满足企业实现信息化发展的需求。在大数据时代，财务人员能从不同层面探索企业需要的财务数据，解决之前财务报表不能深度分析财务数据的问题，通过对这些财务数据的实时分析，可以更好地发现企业在市场发展以及成本管理中的难题，可以对企业的经营业绩做出客观的评价，可以揭示出企业在经营思路上存在的问题，也可以更好地为经营者转变思路提供明确的方向。

二、大数据时代财务会计转型的思路

随着大数据时代的到来，人们获取数据信息的方式越来越简单和快捷，企业要提升对财务数据进行选择及处理与整合的能力。面对新形势，财务会计工作必须及时创新才能确保企业健康、稳定、可持续发展。财务工作必须与时代、社会及生活等背景相结合，才能顺应时代发展的潮流。

（一）财务会计人员要提升整体专业能力

国内财会人员在构成上体现出复杂的特点，年龄大的财会人员虽具备一定专业能力，但是存在落后性，财务思想也比较陈旧；年轻的财会人员从业经验较少，也欠缺一定的工作能力。从整体层面上看，财会人员整体专业能力未能达到时代发展提出的需求，这就阻碍了财务工作的创新转型，更阻碍了企业的全面发展。结合上述研究得知，企业应该重视对专业人才的培养，只有实现专业人才的转型，才能加快财务工作的转型进程，为企业发展提供更高质量的人才保障，所有企业需开展多个方面的转型工作，提升财会人员的综合素养。第一，对财务人员进行能力培训。需要重视对财会人员的能力培养，提升其工作能力。针对当前的财会队伍，企业需要将大数据融入平时的培训中，拓展其业务视野，以此实现现代化财会人员的培养。同时，企业可以派遣财会人员出去学习，学习先进企业所采用的大数据处理方式，强化财会工作的科学性。第二，建立大数据管理专业机构。这就需要政府的大力支持。许多国家已经建立了大数据管理专业机构，并设立了与大数据管理相结合的财务会计专业，以培养更多的专业管理、挖掘大数据资源的会计师。

（二）重视财务会计工作人员人本化的理念

企业需将人本思想作为工作核心。知识时代，企业要想提升整体竞争能力就需要科学开展人力资源管理，为企业创造更多的发展价值。大数据时代的到来，信息传播体现出碎片化的现象，只有提升财务人员的主动性，才可以为企业提供更多的发展数据以及生产力。因此，人本思想能改变财会工作的现状。大数据能让财会人员实现业务以及具体财务工作的结合，工作人员需要深入企业的部门以及具体工作环节，促使业务信息转化为有价值的信息，给企业提供更多财务数据分析。在传统业务工作中，财务核算的程序比较复杂，财务人员主要是对财务报表进行反复的核算，不能从全局对财务报表进行统筹管理，也就不能科学地分析整体财务状态。同时，通过人工进行财务核算不能提升整体工作的效率，导致传统财务工作的效率比较低。

财务会计在更新发展中，传统财务方式以及核算内容均发生了变化——从传统财务转型为信息化。大数据对财务管理的转型发展注入更多动力，解决之前烦琐的会计核算工作问题。同时，大数据促使财会人员将工作精力主要放在财务信息收集以及深度挖掘上，以此更精准地分析整体财务情况，也能探索整体运营能力。通过对财务数据进行深层面的思考，也可以识别企业潜在的财务风险，科学判断企业经济发展能力，促使企业实现综合能力的强化。此外，通过改变传统的财务工作内容，也能提升财会呈现的作用，让财务部门与其他部门进行深度的沟通，实现财务信息的共享，让部门实现协调性的配合。

（三）提高财务人员整体财务管理、财务分析及运用的能力

大数据技术的发展将极大地提高财务管理的能力，现代信息技术的发展带动了物联网、互联网、企业内部信息网络的快速发展和大数据时代的发展。在没有信息技术支持的情况下，大数据的收集、处理、输出和分析将被阻断。因此，现代信息技术已成为现代企业赢得竞争的重要手段，成为战胜对手的重要武器。在信息时代，所有的会计工作，如信息的传递、资料的下载、管理软件等都必须依赖于计算机，由于大数据技术具有较高的数据处理速率，同时具备较强的数据处理能力，因此，会计人员可以依靠大数据技术来处理更多的会计信息，且同时能够进行多项财务工作。在这样的情况之下，企业内部的财务岗位将会发生一定的变化，相似职能的会计岗位将会合并成同一个岗位，且在大数据技术的支持下，该岗位财务工作的准确性和效率将大大提高。所以说，立足于大数据对财务工作呈现的影响，财务人员需要积极提升整体财务管理的能力，提升财务分析及运用的能力。大数据对财务工作的模式提出更高层面的需求，要实施创新性的财务管理，增加对财务信息的分析及运用能力。财务人员只有提升财务管理的综合能力，深度分析财务数据中蕴含的内容，科学分析财务工作可能遇到的风险，以此制定科学的发展策略，才能提升企业财务数据处理的能力。

（四）改变财务人员传统的管理思维

在以往的财务管理工作中，相对落后的管理理念直接影响着企业财务管理的实际效果，所使用的财务管理机制、财务管理理念、财务管理方法等都无法对企业的经济运行情况进行全面管理，并对财务会计的转型变革产生了一定的阻碍作

用。部分财务人员盲目相信财务报表，企业收支与具体支出可以真实反映运行情况。但是仅通过简单的财务报表及流水账，不能真实反映企业资金的流动情况，不能对未来投资进行准确的评估，也不能进行科学的规划，影响财务工作呈现的先进性。这主要是管理理念存在的滞后性导致的，企业不能科学地开展财会工作，制约了财务工作的先进性。大数据能改变传统管理思维，促使财务人员可以对财务数据及信息进行科学处理，提升财务会计的转型速度。通过强化财务分析的整体能力，能对各项数据进行科学处理，对企业资金实施统筹性的管理，更好地控制企业发展。此外，企业也需要宣传大数据转型发展的观念，积极转变传统的财务思想，以此加快财务会计转型过渡的步伐。

三、大数据时代财务会计发展趋势及影响

大数据对财务会计工作提出转型发展的要求，企业应该科学制定发展策略，加快财会工作的转型发展，增加企业整体的发展与竞争能力。

通过对大数据的发展进行分析，探究企业实施财会转型的内容，笔者认为受到大数据发展的影响，财务会计必须改变传统的工作模式以及思路，重视对专业技能以及职业道德等知识的学习，以便开展更高层面的财会工作。信息化处理是未来企业实施高水准财会工作的标志，也是提升企业对财会信息利用能力的途径。大数据的出现将加快财会工作的转型，也为企业的现代化发展提供动力，各行业应该认知到该发展趋势。只有科学认知该发展趋势，管理层以及财务人员才能实施更科学的分析以及管理工作，提升财务管理的科学性。

传统财务工作思路已经不能满足大数据时代提出的发展需求，也不能给企业财会工作的创新发展提供助力。为此，企业管理者应该掌握大数据对企业以及财务工作提出的各项要求，重视对现代化财会人员的培养，企业应该更新管理理念，重视财务岗位的精准性，关注财会人员在岗位工作中体现的效率。同时，财务人员需要掌握时代发展对专业人才提出的转型要求，积极提升自身的专业能力，能对企业财务数据进行精细化的处理，科学地分析企业可能会出现的财务风险，增加企业整体的竞争实力。此外，企业应该重视对财务人员进行专业技能等能力的

培养，增加财务人员对大数据发展及财务转型的认知，逐步提升企业财务工作的有效性。

财务工作应该顺应时代发展的潮流，更新工作模式。所以，企业在实施财会工作时，应该积极思考怎样提升财务工作的创新性，更好地开展财务数据分析工作，掌握企业整体的发展态势。在进行岗位人员招聘的时候，企业需关注财务人员的专业技能及职业素养，强化财会队伍组建的先进性。具体来说，招聘财务人员的过程中，应该关注应聘人员的学历、工作经验、对财务工作转型的理解、道德素养以及操作能力的内容，录取高素质的财务人员。

受到大数据的发展影响，财务人员需要积极改变观念，思考岗位对自身提出的要求，重视提升自己的专业技能，努力提升自己对财务软件的使用能力，更好地满足财务岗位对专业人才的能力要求。此外，财务会计的转型发展虽然给企业的发展提出诸多的发展要求，但给财会工作的开展提供更多的动力。如果企业能根据大数据提出的转型要求开展创新性的财务工作，就能提升财会工作的先进性，也能对财会数据实施精细化的处理，更客观且全面地分析企业发展情况，科学预测可能出现的财务风险。

财务人员也应该努力强化自身的专业技能，对先进的财务知识进行学习，积极转变工作理念，提升自身对财务软件的运用能力，以便实施更高层面的财务工作。财务人员也需要对财务数据进行深层面的思考，立足财务数据分析企业可能遇到的发展风险，以此制定科学的管理对策，帮助企业实现更稳定的发展。

第三节　现代企业制度下财务会计模式

任何一种事物都有客观的外部环境和与之相适应的自身运行规律，同理，任何一种企业财务会计模式也对应着一种企业财务运行机制。

我国现代企业制度是适应社会化大生产和社会主义市场经济要求的产权清晰、权责明确、政企分开、管理科学的企业制度，它是使企业成为面向国内外市场法人实体和市场竞争主体的一种企业机制。建立现代企业制度对今后企业财务会计模式也提出了更高的要求。

一、建立起多元化的企业财务会计目标模式

会计目标是会计在特定环境下所应达到的预期结果和根本要求，是整个财务会计管理系统运行的定向机制，是出发点和归宿。

会计目标的确定主要取决于两个因素，即社会需要会计干什么和会计能够干什么，因而与现代企业制度相适应的企业财务会计目标主要有三个：一是合理组织资金运动，提高企业经济效益；二是为企业、国家、债权人等使用者提供有用的信息；三是维护投资者、债权人和本单位各方的利益。

二、建立起经营管理型的企业财务会计工作模式

我国现行企业财务会计工作，基本上仍停留于算账、报账的传统形式，因而尚不能满足现代企业制度的要求，只有在财务会计的基础上，开拓新领域，充分发挥现代财务会计的职能作用，建立起经营管理型的企业财务会计工作模式，才是根本出路。

经营管理型的企业财务会计工作模式，是由下列三个不同层次的财务会计子系统构成的：第一层次是以总会计师为主，建立起规划会计系统；第二层次是以企业内部各单位的人为主体，建立起行为会计系统；第三层次是以财会部门为中心，建立起财务会计系统。

三、建立以注册会计师为主体的财务会计监督模式

在我国现行的会计监督体系中，内部会计监督和内部审计监督是基础，国家审计是主体，民间审计是补充，会计师事务所和审计事务所同时并存。个人认为，这种体系结构与建立现代企业制度不相适应，应建立起以注册会计师为主体的财务会计监督体系。

四、建立我国现代企业制度下的企业财务运行机制

企业财务运行机制的本质特征。企业财务运行机制是指企业在从事理财活动过程中遵守的一系列原则、程序、规章、方法等规范标准，按照一定的方式结合所形成的有机体，它是企业经营机制的重要组成部分，是企业经营机制系统中的一个子系统，它的形成将使企业理财活动连续有序进行得到保证。

（一）企业财务的目标

在一定外部环境条件下，企业进行经营是追求利益和财产的增加，在漫长的理财活动过程中逐步形成了"利润最大化"和"财富最大化"两种财务目标。（1）利润最大化。从传统的观点来看，衡量企业工作效益的公认指标就是利润，因此假定利润最大化是企业的财务目标。（2）财富最大化。财富最大化是指通过企业的合理经营，采用最优的财务政策，在考虑资金的时间价值和风险报酬的情况下，使企业总价值达到最高，进而使股东财富达到最大。

（二）企业财务运行机制的基本框架

（1）构建企业财务运行机制遵循的基本原则。①必须严格遵守国家有关的法律、法规、制度和规定。市场经济是法制经济，国家对企业经营行为、财务活动的约束将主要以各种法规形成实行间接管理，建立企业财务运行机制必须遵守国家的各种法律、法规，以确保国家有关法规的有效实施。②以充分挖掘全员潜力调动全员积极性、创造性为宗旨，实行责权利相统一。企业理财存在于企业生产经营的所有阶层和环节，因此，建立企业财务运行机制必须有利于吸收全员参与企业理财，充分挖掘他们的潜力，调动全员的积极性和创造性。③充分体现企业生产经营特点和管理要求。注重实用性和可操作性，将国家赋予的企业理财自主权具体体现在其中。（2）企业财务运行机制基本框架。企业内部财务管理体制，它是在一定的经营机制前提下，企业内部各主体在财务管理方面的权限责任的结构和相互关系，它明确规定了企业内部为主体分别享有哪些理财权限和承担哪些理财责任，在企业财务运行机制中处于核心地位。（3）财务管理制度。它是企业在从事日常的财务管理工作中所遵守的各项规范标准，根据其具体内容可分为

以下三个方面：①筹资管理制度，即财务人员在从事筹资工作过程中所应遵守的规范标准，包括筹资预测及分析制度、资本金管理制度、公积金管理制度、负债管理制度等。②投资管理制度，即对投资活动进行管理，包括投资预测分析制度、内部投资管理制度等。③利润分配管理制度，即是对企业利润分配比例、幅度、内容等所做的规定。④企业内部监督制度。财务运行机制作为一个有机体，实行有效的自我监督是保证其正常有效运转必不可少的条件，包括内部会计监督和内部审计监督。

第四节　新环境下的财务会计模式理论

为适应当前社会环境及经济环境的变化，财务会计模式理论也必须基于实际情况进行改革，本节则对新环境下的财务会计模式理论缺陷及改革进行分析。

财务会计及其环境已经成为会计理论结构中不可或缺的重要组成部分，无论是对于企业价值的实现，还是对于社会经济的发展，都起到重要的促进作用。本节基于新环境下现代财务会计模式的理论的研究，分析现代财务会计模式发展、应用的现状，基于创新发展的战略思想，提出一种新的变革思路，重点以企业、市场利益为出发点。

一、新环境下的现代财务会计理论

（一）会计主体

进入 21 世纪以来，在经济全球化趋势的带动之下，以互联网信息为主导的计算机和网络技术得到了迅猛的发展，并在短时间内得到了最大化普及，换言之，当下我国财务会计的发展已经离不开数据信息处理技术，它们之间的关系在新时期将会变得更加紧密。当然，在这样一种大背景环境下，会计理论也得到了一定程度的发展与演进，最为突出的一点就是突破了国界的限制，最大限度地实现了国际的联合会与分组，这种情况无疑增强了市场经济会计主体的可变性。但是从另一个角度来思考，也加大了对会计主体的认证难度，也就是说，由于互联网信息技术的演进，现代会计在核算工作环节，所涉及的空间范围将变得更难界定。

（二）会计目标

所谓"会计目标"，主要就是指专门提供信息及信息原因的对象，以及提供信息相关内容等。这一点与传统的财务会计目标存在较大的出入。首先，在传统的市场经济发展模式下，市场各经济主体一般都会将会计信息使用者看作一个有机整体，并为其提供较为全面的、通用的会计报表。随着互联网信息技术的发展，电子商务模式应用与普及，伴随着现代企业制度的确立，现代财务会计功不可没。在当前互联网环境下，会计信息提供者与会计信息需求者之间可以通过互联网及时沟通、交流，以及相互学习，借鉴经验。尤其是在当下后知识经济时代，会计目标可能会依据不同的决策模型来分别提供不同形式的财务报告模型。

（三）会计权益理论

关于会计权益理论，首先可以从传统会计平衡方式中得以体现。在传统会计权益理论框架下，企业财务资本持有者的权益，是专门对于人力资本所有者的权益来对比的。进入 21 世纪后，随着知识经济的到来，能够真正影响甚至决定着企业未来发展前景的，是互联网知识经济环境下所提供的信息、知识、科技及其创新能力等，这些才是新经济时期企业发展的核心要素。简单来说，与传统会计权益理论所不同的是，在现代社会，企业的财务体系不能只包含非人力资本，除此之外还应当尽可能多地体现出市场人力资本、企业人力资本，并及时更新会计权益理论，促使其与社会实践相结合。

二、新环境下的财务会计模式改革

（一）人力的资本化

当今世界是以知识经济为核心的互联网信息时代，随着技术经济在社会和企业发展中的作用日益突出、显著，企业更加注重人在生产要素中所发挥出的巨大作用。首先，人是社会财富的创造者，同时也是财富的守护者，更是人才的培养者与传递者，以及生产者。因此，在资本化社会时代，资本力量的核心还是人力。

简单一点讲，现代企业无论是在经营管理理念上，还是在财务会计实施策略上，对于人力资本的投入，就具有一定的科学合理体系，也初步形成了现代企业价值观，总而言之，任何资本投入都是有价值的。

（二）主体的多元化

社会经济主体的多元化，会计结构也出现了变化，主要表现为内部结构的变化。在这种情况下，现代企业会有针对性地给出相对精确的目标，长此以往，创新型的财务会计信息技术也就逐渐得以形成，并在此基础上加以创新，产生了一个全新的会计信息运行体制。

从会计的最初本质来看，它是一种单纯的以复式记账为基础性方法的经济理念，无论什么时间，它都应当以实现社会经济效益作为根本目标，进而全面满足当期市场经济的资本发展的需要。笔者提出应"以基础会计学为基础，重构会计信息系统"，因为财务会计本身属于企业组织对外报告会计中的一个小小分支，却是不可或缺的关键分支，所以，为了避免将财务会计等同于企业对外报告会计，今后我国在财务会计理论发展与实践中，需要将现代财务会计与资本市场会计联系在一起。

第五节　网络环境下财务会计模式探讨

财务会计管理在企业发展过程中发挥着关键性作用，随着社会经济的发展、网络技术的推广，网络环境下企业财务会计管理越来越受到重视，当前需要对网络环境财务会计基本特征进行全面分析。财务会计管理呈现多样化的特征，新的背景下财务会计要实现核算功能，更好地发挥决策、监督的作用；网络环境下财务会计管理需要建立有效的制度保证，把财务风险降到最低。

随着社会经济的发展，网络环境下财务会计已经越来越受到各行各业的重视，当前只有全面认识网络环境下财务会计的基本特征，才能营造良好的财务会计环境，为促进网络环境下财务会计模式转变奠定坚实的基础。需要最大限度利用网络的作用，充分抓住财务会计发展机遇，发展网络优势，把网络技术真正运用到财务会计工作中去，从根本上回避风险，迎接时代的挑战。随着计算机网络技术的快速发展，企业的理财环境发生了根本性的变化。在网络经济时代特征下，知识技术等相关资源的渗透、融合、分配、交换、生产、消费，导致各类资源的流通速度呈现乘方速度的增长。财务会计管理理念需要跨越时空界限，才能适应网络环境下财务会计的具体要求，才能实现财务会计模式的转变。当前需要建立网络环境下财务会计的空间、时间、速度的三维观创新理念，财务会计管理工作面临网络时代的巨大挑战，企业在发展过程中需要不断更新计算机硬件设备、实时建立完善的企业信息管理系统，同时需要根据市场情况抓住有利先机，才能使企业在激烈的市场竞争中处于不败之地，才能从根本上实现企业财务会计管理目标。

一、网络环境下财务会计模式特征分析

财务会计理论多样性是网络环境下财务会计若干模式特征之一，在网络环境模式下，财务会计信息的使用者需要掌握多样化的信息，不同的会计信息会产生不同的会计目标，所以财务会计目标也会呈现多样化的趋势。网络环境下财务会计假设会得到进一步的扩展，多币种、多主体、不等距会计期间将成为必要和可能。财务会计的计量也会呈现多样化的状态，出现现收现付制和权责发生制并存、公允价值和历史价值并存，记账方式在网络环境下也发生了根本性变化，呈现多样化记账格局。随着网络技术的发展，财务会计方法和流程也呈现多样化的特征，通过对网络环境下财务会计的模式进行分析可以看出，在网络环境下由于计算机能够处理的财务会计信息量越来越大，财务会计的核算方法也呈现多样性，因此可以满足不同的使用者对财务会计信息的需求。财务会计的流程同样具有多样性，在网络环境下，由于计算机具有十分强大的计算处理能力，同时网络技术也在飞速发展，这促使财务会计核算可以采取多元化处理模式，因此可以满足不同使用者对财务会计信息的需求，网络环境下财务会计模式转变需要把技术与信息需求紧密结合，实现二者的完美融合，促使模式方面的转变。从财务会计流程本身的特点看，在网络环境下同样具有多样性，企业在财务会计核算过程中需要提供原始的基础性数据，同时还要提供核算策略分析模型，财务会计信息的使用者可以通过授权的模式在线访问企业的财务会计数据库。通过对原始数据模型的获取来进行决策，这对信息使用者是非常有利的，通过远程在线访问方法即可获取财务会计决策信息，对企业全面发展提供决策依据，为财务会计模式转变创造有利的外部环境和内部环境。企业在财务会计信息数据库建立的过程中也可以提供报表、分析结果获取最终的数据信息。

　　财务会计的信息呈现多样化的模式，通过对网络环境下财务会计的分析可以看出，财务会计信息既包括真正的财务会计信息也包括非财务会计信息，财务会计信息既有货币信息也有非货币信息，既有内部信息也有社会部门和供应链信息，既有历史信息也有未来信息和现在信息，既有绝对指标信息模式也有相对指标信息模式，既有反映实物资产的信息策略也有反映非实物资产的信息策略。企业在发展过程中可以按月、季、年提供信息，同时也可以按照随时提供信息的模式提供信息。使用者按照授权访问数据库的策略进行信息传递，其在实施过程中可以获取有价值的动态财务会计信息。企业在网络环境下可以提供数字化信息，同时也能提供语音化信息和图像化信息。

　　通过对网络环境下企业财务会计模式的分析可以看出，企业的管理核心转化为知识和信息。因此企业发展过程中必须坚持信息高度集中，财务会计信息能够完全实现共享。随着网络技术的快速发展，这种集中化财务会计信息策略成为可能。同时在网络环境下，可以全面实现业务和财务的协同发展，财务会计与企业内部各个部门之间协同发展，社会有关部门与其供应链之间实现协同。企业在网络环境下的财务会计管理真正实现数据共享，为企业全面转型奠定了坚实的基础。企业在发展过程中按照网络化的集成管理进行处理，可以把整个企业的财务会计资源进行有效整合，为企业全面发展提供重要的支持，也为企业综合竞争力提升奠定了重要基础。

　　通过对网络环境下企业财务会计模式进行分析，可以看出企业在网上进行交易，因此在发展过程中出现了电子货币、电子单据，促使电子结算成为一种可能。企业财务会计管理过程中各种数据能够实现在线输入，电子货币在网络环境支持下能够实现自动划转，业务信息在处理过程中能够实时转化，财务会计在网络环境下真正实现动态信息管理的模式转变。企业财务会计管理模式已经从传统手工管理模式向现代化、网络化、信息化模式转变，财务会计业务核算从以往的事后核算转化为当前的实时核算模式，从静态传统管理模式转变成动态实时管理模式，财务会计管理在网络模式下真正实现了在线管理策略，当前只有实现财务会计信息收集的动态化，才能实现财务会计信息使用和发布的动态化管理。

二、网络环境下财务会计模式转变过程分析

在网络环境下，企业管理和经营信息大都是以电子化模式运行，企业的管理过程和业务管理流程真正实现了电子化，所以企业管理完全可以以计算机模式化推进。财务会计是企业发生各种活动的一个重要工具，需要按照数字化的模式对传统会计信息中一些不可计量的模式进行改进，比如在传统财务会计中涉及的企业信息资源、知识资源、人物资源等非实物资产，这些资产在运行过程中需要实现数字化，促进企业在网络环境下财务会计模式转变。通过数字化可以对企业经营管理活动进行全面的反映，对提高企业综合管理水平具有十分重要的意义。

通过对网络环境下财务会计模式的分析，可以看出会计软件在财务会计模式转变过程中扮演着重要的角色，也是新环境下提高企业财务会计管理水平的重要支撑平台。财务会计软件的功能多样化特点对企业管理产生重要的作用，财务会计软件的使用者可以利用模块化的会计程序实施，在信息库中进行灵活有效的选择，把不同的方法运用到企业财务会计决策模型中，最终形成使用者和会计信息的一一对应关系，从而真正实现财务会计信息的定制，实现模式的转变。

通过对网络环境下企业财务会计的特征分析，可以看出企业进行网络交易的资料可以直接下载到会计信息决策系统中，通过网络工具可以把信息方便地提供给使用者，企业在发展过程中也可以更好地了解自身的情况，可以对财务会计信息进行全面有效的分析，从而把各种决策真实有效地下达到各个下属部门，保证企业财务会计管理更加便捷、合理、有效。

实时性是企业财务会计管理在网络环境下的一个重要特征，在网络环境下企业财务会计发生的数据可以真正实现网络传递。可以把相关财务会计数据信息直

接下载到会计运行程序中，从而促使原始单据和最终会计信息能够在瞬间实现信息比对，企业运行过程中如果需要会计信息实时的获取，对企业的全面提高工作效率，提高财务会计管理水平具有十分重要的意义。最终保证了会计信息的输入、收集、处理更加真实有效，能够实时共享数据信息资源。

开放性是网络环境下企业财务会计信息模式转变的一个重要过程，随着网络技术在企业财务会计工作中深入运用，企业财务会计信息的公开化程度和开放化程度越来越高，企业财务会计信息的大量数据需要从企业的内部系统和外部系统采集。企业内部外部各个机构可以根据授权策略，通过网络直接获取有价值的信息。

网络环境下企业财务会计管理人员需要向专业化方向转变，以往中层组织的上传下达模式已经不能适应网络环境下财务会计管理需要，当前财务会计管理呈现网络化的状态。组织结构呈现扁平化模型。以往财务会计主要进行财务核算，现在的财务会计更重要的功能是实现财务信息分析、财务监督和财务决策。因此在网络环境下，财务会计管理人员应该具备更加扎实专业的知识，才能适应新环境下财务会计管理模式的需要。

三、网络环境下财务会计风险应对措施

网络为财务会计模式转变提供了环境和平台支持，但是网络运用到财务会计管理过程中也给财务会计新模式的管理带来了很多的挑战，风险管理是财务会计管理过程中一个永恒的课题。财务会计管理过程中经常会遇到网络病毒，在计算机上存放的财务会计报表等信息很可能会被窃取，在当前财务会计管理诚信体系还没有真正建立的情况下，财务会计信息被窃取的现象经常发生。针对这些问题，企业在网络化财务会计管理过程中需要高度重视，只有在实施过程中全面考虑企业财务会计信息的安全成本，才能更好地实现网络环境下财务会计管理目标。

另外为了避免财务失效，企业可以充分发挥计算机网络的优势和便利条件，通过建立一套积极有效的财务会计预警机制，有效防范网络环境下财务会计风险，从而更好地保证企业安全有效地运行。为了保证网络环境下财务会计更好地实现

管理模式转型，重点需要从两个方面展开工作，第一，需要高度重视和引进高素质财务会计管理人员，不断提高财务会计管理队伍的专业化水平。同时针对企业内部财务会计人员需要定期进行培训，并且采取积极有效的激励机制，充分调动广大财务管理人员的积极性和创造性，把财务会计人员的卓越才能发挥出来。建立高素质的财务会计管理队伍是提高财务会计管理水平的重要举措。第二，企业在发展过程中需要建立严格的网络程序和安全控制制度。其具体内容包括两个方面，一是会计电算化内部会计制度建设，另一个是网络应用程序的控制。只有实现二者的全面控制，才能更好地对网络环境下财务会计管理进行控制，防范各种财务会计风险。通过对网络安全的控制和系统的应用控制，可以把一些潜在的危害信息消除，从根本上实现财务会计管理的输入控制和输出控制，为保证网络环境下财务会计信息完整、准确、安全创造良好的环境。

第六节　企业财务会计外包模式应用研究

随着我国经济的飞速发展，逐步与国际接轨，全球的经济也逐步呈现出一体化的趋势。在这种现状下，企业之间的竞争越发激烈，企业必须不断地进行创新与改革，打破传统思维与管理模式，才能使企业在日趋激烈的竞争中立于不败之地。而财务会计外包作为企业灵活布局的重要手段，既可以减轻企业的管理和成本压力，又可以树立企业的核心竞争力。因此，本节主要对企业财务会计外包模式应用进行分析研究。

一、企业财务会计外包概述分析

企业财务会计外包是指企业从整体战略角度出发，将企业生产经营活动全部纳入战略大局的层面上，将部分或者全部的财务会计活动交由专业的财务会计机构来完成，实现企业的财务会计活动与企业的未来发展规划有机地结合起来，从而有效降低企业的会计成本，提升企业的整体竞争力。在全球化背景下，企业的成本问题越发突出，为了有效降低综合成本，突出关键业务，不得不对财务会计活动进行外包。通过外包，可以有效降低企业运营成本，充分利用外部的咨询服务技术、会计服务、信息传递等资源达到低成本高回报的目的。当然外包的出现及实施存在很多原因，其中最主要的原因有以下两点。

第一，可以降低企业运营成本。企业运营需要很多成本才能实现，企业经营状况良好与否，对企业生存发展至关重要。影响企业运营情况的因素有很多，怎样对企业运营情况进行准确判断，需要以企业生产运营期间创造的纯利润为基础，获取的纯利润越高，证明其经营状况越好，当然若纯利润较低，或者呈现负数状态，则代表企业经营不够理想。获取更高的企业利润，最直接的方法有两种，一种是降低生产成本与运营成本，另一种是提高企业生产或者营销数量，拓展销售渠道，提高销售量。在企业生产运行期间，降低企业生产成本的方式有很多，最有效也是最直接的方式就是进行业务外包。

第二，降低企业自身的财务风险。企业发展中，财务会计是十分重要的工作内容。但是我国企业发展类型多样，很多中小企业自身经营管理的理念相对比较传统，加上资金实力不足，经营模式不够完善，对财务管理方面的工作重视不足，没有设立专门的财务管理部门，及时对企业财务工作进行管理，进行企业财务会计外包。很多企业设立的财务部门并没有实质性的工作内容，形同虚设，不能很好地履行财务管理部门应尽的职责。政府部门定期对企业进行检查，其中财务部门是检查的重点对象，若检查中发现财务方面存在问题，将会对企业造成严重的影响。企业发展期间，生产规模的不断扩大，也要求企业不断改进财务管理模式，满足企业财务管理的需要。当然随着社会的发展以及经济的进步，企业财务管理问题越来越显著，要求企业积极实施财务会计外包政策，以更好地实现财务管理质量的提升。

二、财务会计外包的方式分析

（一）工资外包

将工资发放业务外包给第三方，可以解决员工的工资保密问题。

（二）财务会计报告外包

外包前，公司管理层需要花费大部分精力和时间监督财务部门会计报告是否符合会计制度，是否按规定将财务信息报告给投资者、管理层、监督机构等相关部门。为了使管理层将重点更多地放在核心业务上，一些公司将财务会计报告业务外包给服务商。

（三）应收账款外包

应收账款对公司来说十分重要，应收账款及时收回可以提高公司资金利用率，如果拖欠时间过长，则可能使公司出现财务危机。然而，应收账款的核算和催款非常烦琐，需要大量的人力物力。为了提高公司的工资效率，提高应收账款周转率，公司可以将应收账款业务外包给服务商。

三、加强企业财务会计外包模式应用的有效措施分析

（一）增加财务会计外包相关知识的了解

财务会计外包并不适合所有的企业，一些企业自身能够处理财务管理方面的问题，就不需要进行财务会计外包。同时采取财务会计外包的企业，并不是将所有的业务全部进行外包，而是将企业中一些业务交予外包机构，结合外包机构的能力对其进行处理。比较适合财务会计外包的企业，企业经营活动较多，就会产生很多企业财务活动，这种企业也需要进行财务会计外包，帮助其提升财务活动处理的效率，并且能够调节企业财务会计结构变化，帮助企业很好地规避部门之间出现财务造假的现象，提高企业财务运行的速度，获得更理想的财务处理结果。

（二）选择合适的外包服务商

为了保证外包质量，企业在前期应该就外包商的整体水平、业界信誉、服务能力、专业化管理水平等进行考察，从而选择最好的外包服务商。除此之外，还应该充分考虑以下几方面的因素：（1）外包服务商的服务质量。确认其能够高质量地开展财务会计管理工作。（2）外包成本。对于企业来说，进行外包活动的目的是降低财务会计管理成本，因此在基本满足自身财务会计管理要求的基础

上，应尽可能选择服务价格最低的外包服务商。（3）外包商的市场口碑。外包商相关服务时间越长，服务能力就越高，越能够保证服务质量，就能够有效降低外包风险。

（三）合理化外包合同的制定

对于财务会计外包来说，合同的制定也是极为重要的。这是因为合同不仅规定了外包服务中双方的责任和义务，也明确了发生外包问题时候的处理方法。因此在制定外包合同的时候应该结合服务商独立性、企业控制力等因素，尽可能多地满足双方的要求，实现服务双方的利益以及风险均衡。财务会计活动涉及企业的机密，双方应该认真签订保密协议，明确服务范围、服务内容。同时企业应该加强与外包商之间的沟通交流，针对外包风险漏洞制定相应措施，从而保证财务会计外包活动有序进行。

目前，我国企业经营管理面临诸多压力，企业必须改变传统的管理模式，将有限的精力与资源全部用到加强企业核心竞争力的业务中，可以将一部分业务进行外包。虽然财务会计外包已逐渐受到诸多企业的认可，但是在进行财务会计外包过程中，一定要足够重视，避免在带来利益的同时忽略了其带来的风险。

第五章　会计信息化与财务会计信息化

第一节　信息技术对会计的影响

　　信息技术的进步和应用的普及，对人类社会产生了极大的影响，也在不断地推进着管理科学的发展。计算机技术在会计工作中已经得到了普遍应用，手工会计系统已经为计算机会计信息系统所取代。信息技术与新的管理思想和管理方法相结合，打破了传统的管理规则，创造出许多新的组织结构形式和管理方式，特别是网络环境为企业创造了尝试多种形式管理的空间。而这一切也必然对会计学科和会计实务工作产生深远的影响。

一、对会计学科的影响

　　我国著名会计学家杨纪琬先生曾预言："在 IT 环境下，会计学作为一门独立的学科将逐步向边缘学科转化。会计学作为管理学的分支，其内容将不断地扩大、延伸，其独立性相对地缩小，而更体现出它与其他经济管理学科相互依赖、相互渗透、相互支持、相互影响、相互制约的关系。"

二、对会计理论的影响

　　信息技术的应用对会计理论产生了深远的影响。

（一）对会计目标的影响

　　会计目标是会计理论体系的基础，会计目标主要体现在向谁提供信息、应该提供哪方面的信息或提供哪些信息等方面。传统会计将会计信息的使用者作为一个整体，提供通用的会计报表来满足他们对信息的需求。在网络经济时代，会计信息的需求者与会计信息的提供者可以利用网络实时双向交流。例如，财会人员在了解了企业管理层的决策模型之后，可以针对其需要，向其提供专门的财务报告和相关信息。因此，信息技术可以使会计能够提供适用于不同决策模型的含有不同内容的专用财务报告。

（二）对会计假设的影响

会计假设是会计核算的基本前提，是商品经济活动条件下进行会计活动的基本环境和先决条件。传统财务会计以会计主体、持续经营、会计分期和货币计量四项基本假设为基础，而基于网络的会计由于其特殊性往往可以不受这四项基本假设的束缚。

1.对会计主体假设的影响。在网络经济环境下，企业可以借助网络进行短期联合或重组，形成虚拟企业，从而导致会计主体具有可变性，使得会计主体认定产生困难，使会计核算空间处于一种模糊状态，虚拟经济的出现对传统会计主体假设是一种挑战。

2.对持续经营假设的影响。在网络经济时代，企业可以根据需要借助网络相互联合起来完成一个项目，当项目完成之后，这种联合解散。这种临时性的网络企业在网络经济时代将十分普遍，使企业持续经营的前提对他们不再适用。

3.对会计分期假设的影响。会计分期的目的是分阶段地提供会计信息，满足企业内部和外部管理或决策的需要。限于处理能力，会计期间分为年度、季度和月份。在网络经济时代，通过网络，企业内外部会计信息的需求者可以动态地得到企业实时的财务信息，在这种情况下，会计分期已从年、季、月缩短为日甚至到实时。企业资源计划系统环境下的会计已经实现了这一点。

4.对货币计量假设的影响。在网络经济时代，连接各国的信息网络使全球形成统一的大市场，国内与国外经济活动的界限变得模糊起来。同时，国际贸易的剧增使得币种多而且币值变动大，这些都对货币计量假设提出了挑战。在网络环境下，完全可能出现一种全球一致的电子货币计量单位，用以准确地反映企业的经营状况。

（三）对会计要素的影响

传统财务会计将会计要素划分成反映财务状况的会计要素（资产、负债、所有者权益）和反映经营成果的会计要素（收入、费用、利润）。随着信息技术的发展和应用，数据处理的速度会越来越快，会计要素的划分可以更加细密和更有层次，以便更加准确地反映企业资金的运动状况。

三、对会计实务的影响

信息技术的应用对会计工作实务也产生了深远影响。

（一）对会计数据采集的影响

面向供应链的管理理念与信息技术相结合，改变了传统会计数据的采集—核算—披露流程的处理方式。所谓供应链管理是指通过加强供应链中各活动和各实体间的信息交流与协调，增大物流和资金流的流量和流速，使其畅通并保持供需平衡。企业内部网通过防火墙，一方面使企业与未授权的外部访问者隔离；另一方面允许内部授权的活动延伸到企业外部，与关联企业如供应商、经销商、客户和银行之间形成范围更广的网络应用系统。这个网络应用系统人们称之为企业外部网。在这种情况下，不仅是企业内部，即使外部的经济活动发生端的数据采集，也不再需要大量的财会人员根据原始凭证录入，而是系统的实时处理功能使数据的采集与网上交易、结算活动及物资与价值的流动同时完成，实现会计数据的实时采集。

（二）对财务报告的影响

当前的财务报告有很多局限，无法反映非货币化会计信息，无法反映企业发生的特殊经济业务，如衍生金融工具等。在信息技术环境下，财务报告会突破上述限制，拓宽信息披露的范围，不仅提供财务信息，还会提供非财务信息，如风险信息、不确定信息、前瞻性信息、创新金融工作信息、企业管理信息等。充分揭示企业现金流量的变化、财务状况的变动趋势，全面反映企业的经营状况，满足不同信息使用者的要求。

四、对会计职能和观念的影响

（一）会计工作组织体制发生变化

在手工会计中，会计工作组织体制以会计实务的不同性质为主要依据。一般来说，手工会计可划分为如下专业组：材料组、成本组、工资组、资金组、综合组等。它们之间通过信息资料传递交换建立联系，相互稽核牵制，使会计工作正常运行。其操作方式是对数据分散收集、分散处理、重复记录。

会计信息化后，会计工作的组织体制以数据的不同形式作为主要依据。一般划分为如下专业组：数据收集组、凭证编码组、数据处理组、信息分析组、系统维护组等。其操作方式是集中收集、统一处理、数据共享，使会计信息的提取、应用更适应现代化管理的要求。

（二）会计人员素质发生变化

会计人员不仅要具有会计、管理和决策方面的知识，还应具有较强的计算机应用能力，能利用信息技术实现对信息系统及其资源的分析和评价。

（三）会计职能发生变化

会计职能是会计目标的具体化，会计的基本职能是反映和控制。信息技术对会计的两大基本职能将产生重大的影响。

从会计反映职能上看，在信息技术条件下，由于计算机处理环境的网络化和电子交易形式的出现，因此建立基于计算机网络的会计信息处理系统已成为必然。在这种会计信息处理系统中，企业发生的各种经济业务都能自动地从企业的内部和外部采集相关的会计核算资料，进行实时反映。

从会计控制职能上看，由于会计信息系统实现了实时自动处理，因此，会计的监督和参与经营决策的职能将显得更为重要。会计监督职能主要包括监督自动处理系统的过程和结果，监督国家财经法规和会计制度的执行情况，通过网络对企业经济活动进行远程和实时监控。会计参与经营决策的职能主要通过建立一个完善的、功能强大的预测决策支持系统来实现。

（四）会计观念需要创新

现在的社会经济环境、企业组织方式、企业规模等已经发生了重大变化，会计行业对如何提供信息需要有更加创新的视角。

企业除了追求营业利润外，更多地是要关注自身产品的市场占有率、人力资源的开发和使用情况，以及保持良好的社会形象。同时，知识经济拓展了企业经济资源的范围，使企业资源趋于多元化。人力资源将成为资产的重要组成部分，并为企业所拥有和控制，为企业提供未来经济效益。因此，会计工作必须树立增值观念，将增值作为企业经营的主要目的，定期编制增值表，反映企业增值的情况及其在企业内外各收益主体之间的分配情况。而资产应包括人力资产和物力资产两个部分。

在信息时代，信息传播、处理和反馈的速度大大加快，产品生命周期不断缩短，市场竞争日趋激烈，企业的经营风险明显加大，因此，会计工作还要树立风险观念。会计工作既是一种生成信息、供应信息的工作，也是一种利用信息参与管理的工作。企业管理的信息化也对财会人员提出了更高的要求，一个大企业如何进行会计核算，如何推进会计及企业管理的信息化，如何利用信息化的手段提高企业的市场竞争力、实现管理创新，正成为财会人员面临的新挑战。

五、对会计信息系统的影响

目前，我国企业的会计信息系统基本上都是用于处理已发生的会计业务，反映和提供已完成的经营活动的信息。然而，现代经济活动的复杂性、多样性和瞬间性，对管理者提出了更高的要求。每一个管理者都需要依靠科学预测来做出决策，而管理者的决策方式已从经验决策方式转向科学决策方式，应加强智能型会计决策支持系统的开发与应用，会计决策支持系统是通过综合应用运筹学、管理学、会计学、数据库技术、人工智能、系统论和决策理论等多门学科构建的。

随着信息技术的飞速发展，会计信息系统将向模拟人的智力方向发展。系统将会有听觉、视觉、触觉等功能，能模拟人的思维推理能力，具有思考、推理和自动适应环境变化的功能。专用会计信息系统将向通用会计信息系统发展，会计信息系统将是一个基于网络的信息系统。因此，企业可以利用数据库与网络，建立跨会计主体和跨地域的集团内部会计信息系统，实现"数据大集中、管理大集权"的目标，与会计工作方法的创新相适应。

第二节　会计信息化概述

一、会计电算化

（一）会计电算化的概念

会计是旨在提高企业和各单位活动的经济效益，加强经济管理而建立的一个以提供财务信息为主的经济信息系统。过去，人们利用纸、笔、算盘等工具开展会计工作，随着科学技术的发展，人们开始利用电子计算机来开展会计工作，形成了会计工作的电算化。

会计电算化，是"电子计算机在会计中的应用"的简称。"会计电算化"一词是于 1981 年 8 月财政部和中国会计学会在长春市召开的"财务、会计、成本应用电子计算机专题讨论会"上正式提出的。

会计电算化的含义有狭义和广义之分。狭义的会计电算化是指以电子计算机为主体的电子信息技术在会计工作中的应用；广义的会计电算化是指与实现电算化有关的所有工作，包括会计软件的开发与应用、会计软件市场的培育与发展、会计电算化人才的培训、会计电算化的宏观规划和管理、会计电算化制度的建设等。

（二）会计电算化的特征

与手工会计工作相比，会计电算化具有以下特征。

1.人机结合

在会计电算化方式下，会计人员填制电子会计凭证并审核后，执行"记账"功能，计算机根据程序和指令，在极短的时间内自动完成会计数据的分类、汇总、计算、传递及报告等工作。

2. 会计核算自动化、集中化

在会计电算化方式下，试算平衡、登记账簿等以往依靠人工完成的工作，都由计算机自动完成，大大减轻了会计人员的工作负担，提高了工作效率。计算机网络在会计电算化中的广泛应用，使得企业能将分散的数据统一汇总到会计软件中进行集中处理，既提高了数据汇总的速度，又增强了企业集中管控的能力。

3. 数据处理及时准确

利用计算机处理会计数据，可以在较短的时间内完成会计数据的分类、汇总、计算、传递和报告等工作，使会计处理流程更为简便，核算结果更为精确。此外，在会计电算化方式下，会计软件运用适当的处理程序和逻辑控制，能够避免在手工处理方式下出现的一些错误。以"记账"处理为例，记账是计算机自动将记账凭证文件中的数据登记到总账、明细账、日记账等相关账户上，账户的数据都来源于记账凭证文件，数据来源是唯一的，记账只是"数据搬家"，记账过程中不会出现数据转抄错误，因此会计电算化方式下不需要进行账证、账账核对。

4. 内部控制多样化

在会计电算化方式下，与会计工作相关的内部控制制度也将发生明显的变化，内部控制由过去的纯粹人工控制发展成为人工与计算机相结合的控制形式。内部控制的内容更加丰富、范围更加广泛、要求更加明确、实施更加有效。

（三）会计电算化的产生和发展

1. 会计电算化的产生

1954 年，美国通用电气公司运用计算机进行工资数据的计算处理，拉开了人类利用计算机进行会计数据处理的序幕。我国 1979 年首次在第一汽车制造厂进行计算机在会计中的应用试点工作。

2. 会计电算化的发展

依据划分标准不同，会计电算化的发展阶段亦不相同。下面笔者将以会计软件的发展应用为参照，介绍会计电算化的发展过程。

（1）模拟手工记账的探索起步阶段。我国的会计电算化是从 20 世纪 80 年代起步的，当时的会计电算化工作主要处于实验试点和理论研究阶段，这一阶段的主要内容是利用计算机代替手工处理大量数据，实质是将电子计算机作为一个高级的计算工具用于会计领域。

此阶段主要是实现会计核算电算化，是会计电算化的初级阶段。利用计算机模拟手工记账，不仅模拟手工环境的会计循环，而且模拟手工环境的数据输出形式，利用计算机完成单项会计核算任务，缺乏信息共享。

（2）与其他业务结合的推广发展阶段。进入20世纪90年代后，企业开始将单项会计核算业务整合、扩展为全面电算化。引入了更多的会计核算子系统，形成了一套完整的会计核算软件系统，包括账务处理子系统、报表处理子系统、往来管理子系统、工资核算子系统、固定资产核算子系统、材料核算子系统、成本核算子系统、销售核算子系统等。企业积极研究对传统会计组织和业务处理流程的重新调整，实现企业内部以会计核算系统为核心的信息集成化，在企业组织内部实现会计信息和业务信息的一体化，并在二者之间实现无缝联合。

（3）引入会计专业判断的渗透融合阶段。我国为顺应新形势的要求，于2006年2月建立了与国际准则趋同的企业会计准则体系，该体系引入了会计专业判断的要求。同时，新准则审慎引入了公允价值等计量基础，对会计电算化工作提出了新的要求。企业和会计软件开发商紧密围绕会计准则和会计制度，通过与会计电算化工作的不断调整、渗透和融合，逐步完成从单机应用向局域网应用的转变，尝试建立以会计电算化为核心的管理信息系统。

此阶段是会计电算化发展的高级阶段，目的是实现会计管理的电算化。这一阶段是在会计核算电算化的基础上，结合其他数据和信息，借助决策支持系统的理论和方法，帮助决策者制订科学的决策方案。

（4）与内控相结合建立ERP系统的集成管理阶段。2008年6月，财政部、审计署、银监会、证监会、保监会、国资委六部委联合发布了《企业内部控制基本规范》。这标志着我国企业内部控制规范建设取得了更大突破和阶段性成果，是我国企业内部控制建设的一个重要里程碑。内部控制分为内部会计控制和内部管理控制。内部会计控制是指单位为了提高会计信息质量、保护资产的安全完整，确保有关法律法规和规章制度的贯彻执行而制定和实施的一系列控制方法、措施和程序。

随着现代企业制度的建立和内部管理的现代化，单纯依靠会计控制已难以应对企业面对的内、外部风险，会计控制必须向全面控制发展，传统的会计软件已不能完全满足单位会计信息化的要求，逐步向与流程管理相结合的 ERP 方向发展。

与内控相结合的 ERP 系统的集成管理，实现了会计管理和会计工作的信息化。目前这一阶段尚在进行中，但已经取得了令人瞩目的成果。有的大型企业已经利用与内控相结合的 ERP 系统，成功地将全部报表编制工作集中到总部一级。

二、会计信息化

从会计电算化的发展过程可以看出，会计软件的功能越来越强大，由最初的核算功能向管理功能、决策功能发展，会计处理上实现了财务业务一体化处理，进而实现了与内部控制的高度融合，工作重点由会计核算转向会计管理；会计工作的物质载体也由当初的电子计算机发展到以计算机和网络通信为代表的信息技术，伴随着电子商务的飞速发展，会计的一些方法技术也发生了变化。这些变化的内容都超出了当初会计电算化的内涵，而与当今信息化环境紧密相关。1999年 4 月，在深圳召开的"会计信息化理论专家座谈会"上，与会专家提出了"会计信息化"的概念。国家重视会计信息化建设，相关文件提出了要促进会计信息化建设，并对企业开展会计信息化做出了具体规定。

会计信息化，是指企业利用计算机、网络通信等现代信息技术手段开展会计核算，以及利用上述技术手段将会计核算与其他经营管理活动有机结合的过程。

三、会计信息系统

（一）会计信息系统的概念

会计信息系统（Accounting Information System，AIS）是指利用信息技术对

会计数据进行采集、存储和处理，完成会计核算任务，并提供会计管理、分析与决策相关会计信息的系统。

（二）会计信息系统的构成要素

会计信息系统是一个人机结合的系统，该系统由人员、计算机硬件、计算机软件和会计规范等基本要素组成。

1. 人员

人员是指会计信息系统的使用人员和管理人员，包括会计主管、系统开发人员、系统维护人员、软件操作员等。人员是会计信息系统中的一个重要因素，如果没有一支高水平、高素质的会计人员和系统管理人员队伍，硬件、系统软件、会计软件再好，整个系统也难以稳定、正常地运行。

2. 计算机硬件

计算机硬件是指进行会计数据输入、处理、存储及输出的各种电子设备。如输入设备有键盘、鼠标、光电扫描仪、条形码扫描仪、POS 机、语音输入设备等；处理设备有计算机主机；存储设备包括内存储器和外存储器，其中内存储器包括随机存储器和只读存储器，外存储器包括硬盘、U 盘、光盘等；输出设备有显示器、打印机等。网卡、网线、数据交换机等电子设备也属于计算机硬件范围。

3. 计算机软件

计算机软件是指系统软件和应用软件。系统软件是用来控制计算机运行，管理计算机的各种资源，并为应用软件的运行提供支持和服务的软件。系统软件是计算机系统必备的软件，如 Windows 操作系统、数据库管理系统，是保证会计信息系统正常运行的基础软件；应用软件是在硬件和系统软件的支持下，为解决各类具体应用问题而编制的软件。例如 Microsoft Office 软件、会计软件等。会计软件是专门用于会计核算与会计管理的软件，没有会计软件就不能称之为会计信息系统。

4. 会计规范

会计规范是指保证会计信息系统正常运行的各种法律、法规及单位规章制度。

如《中华人民共和国会计法》《企业会计准则》及单位内部制定的硬件管理制度、内部控制制度等。

四、会计软件

（一）会计软件的概念

会计软件，是指企业使用的，专门用于会计核算、财务管理的计算机软件、软件系统或者其功能模块，包括一组指挥计算机进行会计核算与管理工作的程序、存储数据以及有关资料。例如，会计软件中的总账模块，不仅包括指挥计算机进行账务处理的程序、基本数据（如会计科目、凭证等），而且包括软件使用手册等有关技术资料。

（二）会计软件的功能

（1）为会计核算、财务管理直接采集数据。

（2）生成会计凭证、账簿、报表等会计资料。

（3）对会计资料进行转换、输出、分析、利用。

对会计软件的详细解释，可参阅前文中会计软件部分的内容。

（三）会计软件的分类

1.按适用范围分类

按适用范围，会计软件分为通用会计软件和专用会计软件。通用会计软件是指软件公司为会计工作专门设计开发，并以产品形式投入市场的应用软件。专用会计软件是指专门满足某一单位使用的会计软件。

2.按会计信息共享程度分类

按会计信息共享程度，会计软件分为单用户会计软件和网络与多用户会计软件。单用户会计软件是指将会计软件安装在一台或几台计算机上，每台计算机上的会计软件单独运行，生成的会计数据不能在计算机之间进行交换和共享的会计软件。网络与多用户会计软件是指不同工作站或终端上的会计人员可以共享会计信息，通过各用户之间的资料共享，保证资料一致性的会计软件。

3. 按功能和管理层次的高低分类

按功能和管理层次的高低，会计软件分为核算型会计软件、管理型会计软件、决策型会计软件。核算型会计软件是指主要具备会计的日常业务核算功能的会计软件，如完成账务处理、薪资核算、固定资产核算、应收（付）款核算、报表编制等功能，会计核算功能是会计软件最基本的功能。管理型会计软件是在核算型会计软件基础上发展起来的，除了具备会计核算功能，还包括会计管理控制功能的会计软件，如资金管理、成本控制、预算控制等功能。决策型会计软件是在管理型会计软件的基础上，具备预测、决策等功能的会计软件，如本量利分析、资金和成本预测、投资决策等功能。

五、ERP 的概念

ERP 是企业资源计划（Enterprise Resource Planning）的简称，是指利用信息技术，将企业内部所有资源整合在一起，对开发设计、采购、生产、成本、库存、分销、运输、财务、人力资源、品质管理进行规划，同时将企业与外部的供应商、客户等市场要素有机结合，实现对企业的物质资源（物流）、人力资源（人流）、财务资源（财流）和信息资源（信息流）等进行一体化管理（"四流一体化"或"四流合一"）的平台。其核心思想是供应链管理，强调对整个供应链的有效管理，提高企业配置和使用资源的效率。

ERP 是由美国著名咨询管理公司 Gartner Group Inc. 于 1990 年提出的，最初被定义为应用软件，其迅速为全世界商业企业所接受，现已经发展成为现代企业管理理论之一。

在功能层次上，ERP 除了最核心的财务、分销和生产管理等功能外，还集成了人力资源、质量管理、决策支持等其他管理功能。会计信息系统已经成为 ERP 系统的一个子系统。

六、XBRL 的作用、优势和发展历程

（一）XBRL 的概念

XBRL 是可扩展商业报告语言（eXtensible Business Reporting Language）的简称，是一种基于可扩展标记语言（eXtensible Markup Language）的开放性业务报告技术标准。

XBRL 是基于互联网和跨平台操作，专门用于财务报告编制、披露和使用的计算机语言，基本实现了数据的集成与最大化利用以及资料共享，是国际上将会计准则与计算机语言相结合，用于非结构化数据，尤其是财务信息交换的最新公认标准和技术。通过对数据统一进行特定的识别和分类，可直接被使用者或其他软件读取及进一步处理，实现一次录入多次使用。

（二）XBRL 的作用与优势

XBRL 的主要作用在于将财务和商业数据电子化，促进了财务和商业信息的显示、分析和传递。XBRL 通过定义统一的数据格式标准，规定了企业报告信息的表达方法。会计信息生产者和使用者可以通过 XBRL，在互联网上有效处理各种信息，并且迅速将信息转化成各种形式的文件。

企业应用 XBRL 的优势主要表现在以下几个方面：

（1）能够提供更精确的财务报告与更具有可信度和相关性的信息。

（2）能够降低数据采集成本，提高数据流转及交换效率。

（3）能够帮助数据使用者更快捷方便地调用、读取和分析数据。

（4）能够使财务数据具有更广泛的可比性。

（5）能够增加资料在未来的可读性与可维护性。

（6）能够适应变化的会计准则的要求。

（三）我国 XBRL 的发展历程

我国的 XBRL 发展始于证券领域。2003 年 11 月，上海证券交易所在全国率先实施基于 XBRL 的上市公司信息披露标准；2005 年 1 月，深圳证券交易所颁

布了 1.0 版本的 XBRL 报送系统；2005 年 4 月和 2006 年 3 月，上海证券交易所和深圳证券交易所先后分别加入了 XBRL 国际组织，此后中国的 XBRL 组织机构和规范标准日趋完善。

2008 年 11 月，财政部牵头，联合银监会、证监会、保监会、国资委、审计署、中国人民银行、税务总局等部门成立中国会计信息化委员会暨 XBRL 中国地区组织。2009 年 4 月，财政部在《关于全面推进我国会计信息化工作的指导意见》中将 XBRL 纳入会计信息化的标准。2010 年 10 月 19 日，国家标准化管理委员会和财政部颁布了可扩展商业报告语言（XBRL）技术规范和企业会计准则通用分类标准，这成为中国 XBRL 发展历程中的一个里程碑，表明 XBRL 在中国的各项应用有了统一的架构和技术标准。

2011 年财政部组织以在美上市公司为主的 15 家国有大型企业，以及 12 家具有证券期货相关业务资格的会计师事务所开展通用分类标准首批实施工作，取得了良好的成效。2012 年财政部在 2011 年的基础上扩大实施范围，增加 17 个省区市开展地方国有大中型企业实施工作，同时联合银监会组织包括 16 家上市银行在内的 18 家银行业金融机构开展实施工作。

第三节　信息技术环境下会计人员的价值取向

与手工环境相比，在现代信息技术环境下从事会计工作的会计人员的价值取向发生了很大的变化。

一、会计人员角色和职能的变化

首先，信息技术的应用彻底改变了会计工作者的处理工具和手段。由于大量的核算工作实现自动化，因此会计人员的工作重点将从事中记账算账、事后报账转向事先预测、规划，事中控制、监督，事后分析及决策的一种全新的管理模式。

其次，在信息技术环境下，会计人员要承担企业内部管理员的职责。并且随着外部客户对会计信息需求的增长，会计人员应及时地向外传递会计信息，为社会、债权人、投资者、供应商和客户、兄弟行业及政府管理部门等一切会计委托和受托者负责披露会计信息，提供职业化的会计和财务咨询服务。

最后，在信息技术环境下，会计人员不再仅仅是客观地反映会计信息，而且应使会计信息增值和创造更高的效能。特别是由于会计人员对企业业务流程有独到理解，并具有组织会计和财务信息的高超技艺。他们可以参与企业战略和计划的辅助决策，将注意力更多地集中到分析工作而不只是提供会计和财务数据，其作用更多地体现在通过财务控制分析参与企业综合管理和提供专业决策。换言之，未来的会计师将是企业经理的最佳候选人之一。

二、会计人员和会计信息系统关系的变化

与手工环境相比，在信息技术环境下，会计人员不仅是会计信息系统的信息提供者和使用者，同时还是会计信息系统所反映的各种业务活动规则、控制规则和信息规则的制定者和会计信息系统的维护者。会计人员的职责将得到大大的提升，主要表现在如下几个方面。

（一）科学使用会计信息系统的会计信息

在现代信息技术环境下，特别是在网络环境下，会计人员可以通过内联网（Intranet）、外联网（Extranet）和互联网（Internet）按事先制定的业务活动规则和权限来控制对采购、仓储、生产和销售等环节财会数据的实时采集。此时客观上就要求会计人员能够准确地分析数据，并提出科学的分析结论和决策方案，工作重心转移到对会计数据管理监控、分析和财务决策上。

（二）制定各种业务活动、会计控制和会计信息的规则

为了使财会人员科学地使用财会信息，一个重要的前提是在会计信息系统实施中，会计人员应与业务人员协作完成业务流程的优化或重组，并根据会计管理的需求制定各种会计控制和会计信息规则。

（三）会计信息系统的维护

随着管理理念和信息技术的不断发展，会计信息系统也应不断地在维护中实现自身的动态变革。与信息技术人员不同，会计人员对会计信息系统的维护重点表现在如下三个方面。

（1）根据会计管理变革的新需求，提出对会计控制规则和会计信息规则变革的新需求。

（2）协助信息技术人员正确理解、抽象和描述上述规则。

（3）在信息技术人员完成规则变革的信息设计后，会计人员对会计信息系统的新功能进行验收评测。

三、会计人员能力需求和知识结构的变化

为了使会计人员能胜任信息技术环境下的职责，对会计人员的能力和素质的需求也发生了变化。

（一）能力需求

在信息技术环境下，常规且结构化的会计核算和财务管理等工作将由基于信息技术的信息系统完成。会计人员应更多地从事那些非结构化且非常规的会计业务，并完成评价信息系统及其资源的工作，因此未来的会计人员应具备如下五种能力。

1. 沟通技能

会计人员不仅能提供信息，而且能与企业高层领导和其他管理者交换信息，建立有意义的关系。

2. 战略性和关键性的思考能力

会计人员能够将会计数据、信息、知识和智慧联系起来以提出高质量的建议。

3. 关注企业客户和市场的发展

会计人员能够比竞争对手提供更好的、满足客户不断变化需求的建议。

4. 为关联信息提供科学解释

会计人员能够为互相有内在联系的会计、财务及非财务信息提供科学的解释。

5. 技术熟练

会计人员能够熟练地利用会计和信息技术，并推动信息技术在会计工作中的应用，制定会计信息化实施的各种规则。

（二）会计人员应具备的知识体系

信息技术用于会计工作中所涉及理论和方法学具有很强的综合性，它涵盖如下多门学科的相关知识。

（1）管理科学：一般管理学和经济管理学，包括会计学、财务管理和审计学等。

（2）信息技术科学：计算机软硬件技术、网络通信技术、数据库技术和多媒体技术等。

（3）信息系统理论和方法科学：包括系统论、控制论和信息论；耗散结构论、突变论和协同论，以及行为科学等。

（4）信息系统实施和管理科学：软件工程、项目管理、IT治理、工程监理和评估等。对于会计人员及从事会计信息化的人员而言，由于角色不同，对于上述各知识点的掌握要求也不同。

（三）会计人员的价值取向

会计人员为保持其自身的价值，必须做到以下几个方面。

（1）建立持续教育和终身学习的信念，会计人员应该得到持续教育，而不仅仅是通过资格认证。

（2）保持自身的竞争力，能够熟练并有效率地完成工作。

（3）应恪守职业道德，坚持会计职业的正直及客观性。

第四节　财务会计的基本前提

财务会计的基本前提，也称财务会计基本假设或会计假设，是财务会计进行确认、计量和报告的前提，是对财务会计核算所处时间、空间环境等所做的合理设定。财务会计的基本前提包括会计主体、持续经营、会计分期和货币计量。

一、会计主体

会计主体是指财务会计为之服务的特定单位，是会计工作特定的空间范围，即企业财务会计确认、计量和报告的空间范围。为了向信息使用者反映企业财务状况、经营成果和现金流量，提供与其决策相关的有用的信息，企业应当对其本身发生的交易或者事项进行会计确认、计量和报告，反映企业本身所从事的各项生产经营活动。明确界定会计主体是进行会计确认、计量和报告工作的重要前提。

在会计实务中，只有对那些影响企业本身经济利益的各项交易或事项才能加以确认、计量和报告。例如，通常所讲的资产、负债的确认，收入的实现，费用的发生等，都是针对特定会计主体而言的。

会计主体不同于法律主体。一般而言，法律主体必然是会计主体，但会计主体不一定是法律主体。例如，一个企业作为一个法律主体，应当建立财务会计系统，独立反映其财务状况、经营成果和现金流量。但企业集团中的母公司拥有若干子公司，母、子公司虽然是不同的法律主体，但是母公司对子公司拥有控制权，为了全面反映企业集团的财务状况、经营成果和现金流量，将企业集团作为一个会计主体，编制合并财务报表，在这种情况下，企业集团虽然不属于法律主体，却是会计主体。

二、持续经营

持续经营是指在可以预见的将来，企业将会按当前的规模和状态继续经营下去，不会停业，也不会大规模削减业务，会计的出发点是预测企业的经营现状不会改变。在持续经营的前提下，会计确认、计量和报告应当以企业持续、正常的生产经营活动为前提。在这个前提下，各项资产必须按正常的实际成本计价，各项负债和企业的所有者权益，也要按正常情况计价处理。

当一个企业不能持续经营时就应当停止使用这个假设，否则就不能客观地反映企业的财务状况、经营成果和现金流量，从而误导会计信息使用者的经济决策。

三、会计分期

会计分期是指将一个企业持续经营的生产经营活动划分为一个个连续的、相等的期间。按年划分的称为会计年度，年度以内还可以分为季度、月度。会计分期的目的在于通过会计期间的划分，将持续经营的生产经营活动划分成连续、相等的期间，据以结算盈亏，按期编报财务报告，从而及时向财务报告使用者提供有关企业财务状况、经营成果和现金流量的信息。

根据持续经营假设，一个企业将按当前的规模和状态持续经营下去。进行会计分期有利于提高会计信息的及时性，满足信息使用者决策的需要。我国企业会计准则规定，企业应当划分会计期间，分期结算账目和编制财务会计报告。会计期间分为年度和中期。中期是短于一个完整会计年度的报告期间。

四、货币计量

货币计量是指会计主体在财务会计确认、计量和报告时以货币作为计量尺度，反映会计主体的生产经营活动。

企业的各种财产物资各有其不同的物质表现形态，计量单位各不相同，如汽车以辆计、船舶以艘计等。在会计工作中，用具有一般等价物性质的货币来统一计量，可以使各类不同质的财产物资相加减，可以使收入、费用相配比，这样才能全面反映企业的生产经营情况。所以，会计基本准则规定，会计确认、计量和报告应选择货币作为计量单位。

货币计量也有其缺陷，就是它把那些不能用货币度量的因素排除在了会计系统之外，如企业管理水平、人力资源、研发能力、市场竞争力等。

货币作为一种特殊商品，本身的价值应当稳定不变，或者即使有所变动，其变动幅度也被认为是微不足道的。如果币值不稳定，以货币计量的会计信息的可信度就会下降。尽管中外会计学者对此问题已经加以重视，但至今尚无好的解决办法。

第五节　财务会计信息的质量要求

由于财务会计信息是以财务报告的形式对外呈报的，其目标是向信息使用者提供与企业有关的会计信息，以帮助信息使用者做出经济决策。因此，保证财务会计信息的有用性，是编制财务报告最直接的目的。为了更好地达成财务会计的目的，会计人员必须提高会计信息质量，并了解高质量会计信息应具备的品质。

我国会计基本准则规定了财务会计信息质量要求的基本规范，其内容包括可靠性、相关性、可理解性、可比性、实质重于形式、重要性、谨慎性和及时性等。其中可靠性、相关性、可理解性和可比性是财务会计信息的主要质量要求，是企业财务报告中所提供的会计信息应具备的基本质量特征；实质重于形式、重要性、谨慎性和及时性是财务会计信息的次要质量要求，是对可靠性、相关性、可理解性和可比性等主要质量要求的补充和完善。

一、财务会计信息的主要质量要求

（一）可靠性

可靠性是指确保财务会计信息免于偏差和错误，能真实反映现状的质量。可靠性要求企业应当以实际发生的交易或者事项为依据进行确认、计量和报告，如实反映符合确认和计量要求的各项会计要素的信息，保证财务会计信息真实可靠、内容完整。为了达到财务会计信息质量可靠的要求，不得根据虚构的、没有发生的或者尚未发生的交易或者事项进行确认、计量和报告；不能随意遗漏或者减少应予以披露的信息，应当充分披露与使用者决策相关的有用信息；企业财务报告中的财务会计信息应当是中立的、无偏的。

可靠性是高质量会计信息的重要基础和关键所在，如果企业以虚假的经济业务进行确认、计量、报告，就属于违法行为，不仅会严重损害财务会计信息质量，而且会误导投资者、干扰资本市场，导致会计秩序混乱。

（二）相关性

相关性是指财务会计信息与决策有关，具有改变决策或导致决策差异的能力。相关性要求企业提供的财务会计信息应当与投资者等信息使用者的经济决策需要相关，有助于投资者等信息使用者对企业过去、现在或者未来的情况做出评价或者预测。

相关的财务会计信息应具有反馈价值，即有助于信息使用者评价企业过去的决策，证实或者修正过去的有关预测；相关的财务会计信息还应当具有预测价值，即有助于信息使用者根据所提供的财务会计信息，预测企业未来的财务状况、经营成果和现金流量。

（三）可理解性

财务会计信息能否为信息使用者所理解，取决于信息本身是否易懂和决策者的能力。可理解性要求企业提供的财务会计信息清晰明了，便于投资者等信息使用者理解和使用。

企业提供财务会计信息的目的在于使用，企业提供的财务会计信息只有清晰明了、易于理解，才能提高财务会计信息的有用性，满足信息使用者决策的需求。信息使用者通过阅读、分析、使用财务会计信息，了解了企业过去、现在及未来的发展趋势，才能做出科学决策。

可理解性不仅是财务会计信息的一项质量要求，同时也是与信息使用者有关的质量要求。会计人员应尽可能使财务会计信息易于理解，而信息使用者也应设法提高理解信息的能力，这样财务会计信息才能发挥最大的作用。

（四）可比性

可比性是指能使信息使用者从两组经济情况中区别出异同的财务会计信息的质量特征。即当经济情况相同时，财务会计信息能反映相同的情况；当经济情况不同时，财务会计信息能反映出差异。可比性包括横向可比和纵向可比两个方面。

横向可比是指不同企业相同会计期间的可比。即要求不同企业同一会计期间发生的相同或者相似的交易或者事项，应当采用相同的会计政策，确保财务会计信息口径一致、相互可比，以使不同企业按照一致的确认、计量和报告要求提供有关会计信息。

纵向可比是指同一企业不同时期的可比。即要求同一企业不同时期发生的相同或者相似的交易或者事项，应当采用相同的会计政策，并且不得随意变更。但是，满足会计信息可比性要求，并非表明企业不得变更会计政策，如果按照规定或者在会计政策变更后可以提供更可靠、更相关的会计信息，企业也可以变更会计政策。

二、财务会计信息的次要质量要求

（一）实质重于形式

实质重于形式是指企业按照交易或者事项的经济实质进行会计处理的质量特征，即要求企业应当按照交易或者事项的经济实质进行会计确认、计量和报告，不应仅以交易或者事项的法律形式为依据进行会计处理。

在多数情况下，企业发生的交易或事项的经济实质和法律形式是一致的，但在有些情况下二者也会出现不一致。例如，企业按照销售合同销售商品同时又签订了售后回购协议，虽然从法律形式上看实现了收入，但如果企业没有将商品所有权上的主要风险和报酬转移给购货方，没有满足收入确认的各项条件，即使签订了商品销售合同或者已将商品交付给购货方，也不应当确认销售收入。

又如，企业融资租入固定资产，固定资产在租赁期内的款项并未付清，从法律形式上来看，设备的所有权并没有完全转移给租入方；但从经济实质上来看，租入方已经控制并已实际使用该项固定资产，并为企业带来了相应的经济利益，符合资产要素的本质特征，企业就可以将其确认为资产。

（二）重要性

重要性是指当某项财务会计信息出现不正确的表达或遗漏时，可能会影响信息使用者做出判断。重要性要求企业提供的会计信息应当反映与企业财务状况、经营成果和现金流量有关的所有重要交易或者事项。

如果企业提供的财务会计信息的错报或省略会影响信息使用者据此做出决策，那么该信息就具有重要性。重要性的应用需要依赖职业判断，企业应当根据其所处环境和实际情况加以判断。例如，5 万元的损失在小公司可能很重要，但在大公司则可能不重要。

（三）谨慎性

谨慎性是指企业对不确定的结果，应确认可能的损失，而不确认可能的收益。谨慎性要求企业在对交易或者事项进行会计确认、计量和报告时保持应有的谨慎，不应高估资产或者收益，也不应低估负债或者费用。

企业的生产经营活动面临着许多风险和不确定性。例如，应收款项能否如数收回、固定资产和无形资产的使用寿命、售出商品可能发生的退货或者返修等。谨慎性要求会计人员在做出职业判断时保持应有的谨慎，充分估计到各种风险和损失，既不高估资产或者收益，也不低估负债或者费用。例如，对于企业发生的或有事项，通常不能确认或有资产，只有当相关经济利益基本确定能够流入企业时，才能作为资产予以确认。相反，当相关的经济利益很可能流出企业而且构成现时义务时，应当及时确认为预计负债，这就体现了会计信息质量的谨慎性要求。

（四）及时性

及时性要求企业对已经发生的交易或者事项，应当及时确认、计量和报告，不得提前或者延后。财务会计信息如果不及时提供，即使质量再好，也已失去时效性，对使用者的效用就会大大降低，甚至不再具有实际意义。

财务会计信息的价值在于帮助信息使用者做出经济决策，具有时效性。及时性要求企业在经济交易或者事项发生后，及时收集整理各种原始单据或者凭证；及时对经济交易或者事项进行确认、计量，并编制财务报告；及时将编制的财务报告传递给信息使用者，便于其及时使用和决策。

第六章 财务会计管理

第一节 财务会计管理工作中存在的问题

财务会计管理工作是企业风险控制和成本管理的重要手段，同时也是核心管理部分，在很大程度上象征了企业的竞争力。本节对财务会计管理工作中存在的问题和对策进行阐述，对目前工作中存在的不足给予一定的建议，用来参考、解决问题。

一、财务会计管理中存在的问题

（一）财务会计管理工作缺少长远考虑

以前的财务管理理念不能与时俱进，缺乏新意，不可避免地就成为金融管理理念和管理的障碍，许多企业因为还没有明确地认识到它的存在和危害，对未来的财务管理工作没有清楚的认识，不知道它的重要性，通过长期规划和建设规划来完成是不可能发生的。缺乏长期而且合适的投资和融资模式是很难发展的，如果目标不明确，就会在很大程度上影响企业的未来发展和规划未来发展的蓝图，成为一个发展中的很大的障碍。

（二）企业管理者对财务管理工作不够重视

放眼现在的企业，大部分没有什么管理理念，从可持续发展的角度和科学发展的角度来说，企业所关注的东西通常以盈利为主，通过日常的综合管理，从外部引入资金、技术、设备等，并不清楚认识这些对企业会有什么好处、对发展有什么好处，而这些又会给企业带来什么样的问题，没有考虑到长远发展，没有可持续发展的概念，发展不起来。此外，企业如果没有清楚地认识到监督都有哪些约束性，本身有哪些局限，是不是拥有完善的发展体系，就会导致许多管理工作不足的情况发生。

二、解决财务会计管理中存在问题的对策

（一）落实财务会计监管工作

一个企业，如果想要避免尽可能多的金融和会计工作出现各种各样的问题，就应该从监督的角度出发来工作，首先要让金融会计实现监督，这是一个有效的手段和层次。财务会计的重要作用是联系，然后是有效的监督。其次，需要我们进行企业内部的监督，审计对于一个企业来说肯定是有一定的作用的，所以要发挥它的作用，为我所用，很好地规划出各个部门和每个人员具体负责什么工作。最后，就是要发挥监事会的职能了，了解企业的资金周转情况和财务方面的事情，要做到不仅可以存在于形式中，还要付出实际行动，动手。

（二）制订明确的财务会计管理计划

在一个企业中，财务会计管理是很重要的。它可以在以前的基础上，进行下一话题，但是它需要我们先明确一个方案，通过这个方案让企业可以更好地发展，然后再建立一些计划、措施、秩序等，让企业可以可持续发展、科学发展。另外，和企业之中的其他部门进行商量，根据企业现状，做出适合企业现阶段发展的计划，然后一起为其奋斗加油。

（三）加强企业管理者对财务会计管理工作的重视

企业管理在财务会计管理中起着很重要的作用，财务会计的综合管理会对企业的管理水平产生重大影响，所以一定要好好地管理，加以注意。尤其是对企业的高层管理人员，必须加强监督和管理，在企业的资本运营转型时期，必须遵守市场发展的规律和阶段，不能对其进行破坏，要知道管理的核心价值是什么，懂得怎样才能维护企业的正常发展，明白资金流是什么意思、有什么样的用处，总之懂得越多，对企业发展越有利，这是肯定的，清楚怎样可以降低企业风险也是很重要的事情。

（四）提升会计人员的专业素质

一个好的企业应该具备良好的工作秩序、完善的机制、完整的措施、极高的专业水平。相关的会计人员也应该具备良好的专业素质。这是一个正常的企业都应该具备的条件，也只有这样才能长久发展下去，才能吸引人才加入。如果相关的会计人员不具备良好的素质，会很容易出现各种各样的问题，所以企业要让他们会计人员知道都应该做些什么、不能做什么，有一个明确的认识，打下预防针，这样能降低失误发生的概率。企业也要定时培训员工，让他们都能有很好的情绪学习，加强工作意识，有相应的技术和技能，这是非常重要的，只有这样，他们才能坚持使命，企业也能健康发展。

第二节　知识经济下财务会计管理

当今我国社会已经逐渐步入了知识经济时代，各行各业都受到了不同程度的冲击，首当其冲的便是会计行业中的财务会计管理。知识经济时代，传统的财务会计管理的管理模式以及理论体系都不再适用，整个财务会计管理领域都将迎来一场疾风骤雨式的革新。现在企业的财务会计管理只有做好知识以及信息的收集、整理、录入、分析才能够在知识经济时代拥有一席之地，对于财务会计管理来说，企业内部资金的流动情况就是其所需要管理的对象。

一、知识经济概述

知识经济是指一种由传统以农业为基础的经济和以工业为基础的经济演化而来的以知识为基础的经济模式。农业经济时代，政府就会大力发展农业生产，加大对农业的投入从而达到获取更多经济效益的目的。而工业经济时代，政府自然就会将经济重心都放到工业发展上来，通过对工业发展的大力推进获得经济的快速增长。现在我们社会经济发展的主要生产力已经变为知识，紧跟知识经济发展步伐的企业都已经在各行各业崭露头角，知识产业发展迅速，知识产业为人类生活带来了许多收益，所以就说我们已经处于知识经济时代了。

二、知识经济下会计管理受到的冲击

（一）会计历史成本原则受到的冲击

传统的财务会计管理通常采用历史成本原则对企业内部财物的实际入账金额的确定及计价的准则，企业高层通常使用历史成本原则在有形市场运转和市价浮动时对资金流动情况进行捕获分析。然而，随着我国经济的发展，人均受教育水平大幅度提升，知识转化为生产力已经有了数不清的成功案例，有形市场受到冲击，整个人力管理和知识产业评估都开始了改革。因而，企业在知识经济时代下不得不将知识等无形资产纳入评估之中，而传统的会计历史成本原则并不能对此进行评估，所以使得其在会计管理中的实用性大大降低。

（二）会计环境受到的冲击

包括科技、教育、文化、经济等环境因素都在会计环境的范畴之内，会计环境会影响到企业的管理模式以及相关信息需求，所以知识经济的到来会对会计环境造成极大的冲击。由此可见，此后企业的财务会计管理的重心会大幅度向各类知识方面的信息进行倾斜，相对应的工农业生产方面的信息会日趋减少。对于一个企业来说，其会计管理环境受到冲击后，将会体现在整个公司各部门之间的资源配置变动以及组织形式的改变，生产出更多知识类无形资产的部分将能得到更多的资源和人力。

（三）现行会计核算方法受到的冲击

1. 原始凭证受到的冲击

经济时代的全面到来使得人们的日常金融交易方式发生了巨大的变革，第三方支付平台和网上贷款平台等网络金融的兴起推动着电子货币的普及，致使电子发票和表格逐步取代了纸和发票、账簿，原始凭证的填写方式的发送形式都受到了冲击。与此同时，随着互联网技术的普及，整个企业的日常采购、运作包括资金流动都不再依赖于纸质原始凭证，电子原始凭证大行其道。

2.复式记账受到的冲击

所有业务均以同样的金额对一个以上的互联的账户进行登记的记账方式即为复式记账（Double Entry Book Keeping），复式记账在知识经济的冲击之下面临着任务量更大和任务内容更复杂的双重考验。企业在知识经济下如何调整复式记账进行应对关系到将来会计管理的效率和准确率是否能跟随着企业规模的扩张而维持较好的数值，对此笔者认为可以对复式记账进行一定限度的革新：复式记账中的记账凭证不再只局限于常规的二元分类信息数据项，而是可以试着直接将分类信息数据项也纳入记账凭证中进行管理，此举便可以令一个经济业务拥有一张以上的凭证，更加适用于知识经济时代下企业内部的财务会计管理。

三、知识经济下财务会计管理的发展方向

（一）财务会计手段向信息化、现代化方向发

知识经济下，计算机的普及与发展、全球卫星通信的实现、互联网络的飞快运转，对传统的会计方法将进行一次全面洗礼，会计手段将在会计电算化全面普及运用的基础上实现会计信息化。全面使用现代信息技术，包括计算机、网络与通信技术，使得会计信息处理高度自动化、会计手段实现现代化。

（二）财务会计中介机构向多元化、诚信化方向发展

中介机构是企业信息质量保证的最后一道防线，是保证信息有效性和各类投资者合法利益的主要力量。

（三）财务会计人才向高素质、高技能方向发展

财务会计系统的运行过程必须与经济运行主体的全过程相适应，只有如此，才能提供准确的财务会计信息。因此，知识经济时代的会计人员将是兼容科技与管理知识的、具有多元知识结构和创新思维的高智能复合型会计人才。会计人员在根本上要具备扎实深厚的业务知识，如必须懂得财务会计、管理会计、财务管理和审计知识，同时还应掌握相关专业的知识，如一般商业知识、财政、金融、国际贸易、货币银行学和人力资源管理学等,熟悉企业业务流程、产品生产工艺等。

知识经济时代的全面来临使得财务会计管理受到了非常大的冲击，此时，不

光是会计管理行业，各行各业都应该紧跟知识经济的步伐，加紧对自身理论体系以及方法准则的革新，重视知识的经济价值，实现成功转型，继而在知识经济时代下立于不败之地。

第三节　财务会计与管理会计的融合

进入 21 世纪以来，我国的社会科学技术不断进步，各行各业都发生了很大的变化。在现在市场竞争日益激烈的背景下，企业要想取得自己的一席之地，得到长远可持续发展，就必须做好企业的经营管理活动。企业经营管理活动的越来越复杂，这就需要不断提升对财务管理工作的要求，现阶段下传统的会计工作职能已经不能适应现在企业的发展需求。当前，企业的发展更需要有效地从财务信息中为相关管理者决策并找出科学的决策依据，这样才能更加有效地将管理与财务充分地深入融合，为企业运转提供全面的决策信息，以让企业在现在激烈的市场竞争环境中立于不败之地。本节将就财务会计与管理会计的融合路径进行探析，希望可以给大家带来一些参考。

一、财务会计和管理会计融合的意义

财务会计与管理会计的融合有助于企业内部长久稳定发展。企业单纯依靠财务会计所反馈的情况无法准确反馈出真实的运营情况，如果不能利用管理会计来正确科学地分析公司的财务会计，那么企业将无法获得持续良好高效发展。尽管管理会计与财务会计比较，无须对大量的数据进行处理，也并未有财务会计严谨，可是二者融合，不但可以清晰地反馈出企业的发展方向，而且能够开阔财务会计与管理会计人员的眼界，进而给公司财务工作营造出良好的氛围，培养出会计人员全面发展的理念，给企业制定出准确的发展方向，进一步提高企业内部管理效率。财务会计与管理会计的融合还可以有效地分析公司产品的具体盈利情况，经过分析盈利情况，对公司产品市场分布结构进行优化，全面推进公司财务可持续发展，提高企业的核心竞争力。

二、财务会计和管理会计在企业中的融合

（一）信息的融合

管理会计和财务会计都是对企业发生的经济交易和事项进行信息管理，二者的核算对象都是一致的，核算的原始信息的来源也是一致的，只是二者对研究的侧重点不同，采用的研究方法和角度也不同。目前，企业的会计管理形式有三种：第一种是财务会计和管理会计的融合管理，管理会计的报告、业绩评价等以财务会议记录作为主要的数据来源；第二种是二者分离，管理会计和财务会计系统相互独立，分别有独立的账簿；第三种是介于上面两种模式之间，管理和财务会计之间有部分的融合。调查研究发现，管理会计与财务会计的有机融合可以提高企业活动的效率，有助于管理者更好地对财务状况和经营状况进行分析，做出科学的决策。

（二）加强会计人才的培养

财务会计与管理会计对人才的需求方面存在一定的差异，例如财务会计更加重视工作人员的业务水平，管理会计更加重视工作人员的管理才能。因此，将财务会计以及管理会计进行融合之后，会计人员也同样面临着较大的挑战，企业需要加强对会计人员的培养，重视下面几个方面的内容：第一，培养复合型人才，让其可以符合财务会计与管理会计人才标准，不仅要具备非常娴熟的业务能力，还需要具有较强的管理能力。第二，加强与高等院校之间的联系，从市场以及企业的需要来优化会计专业的教学内容，并且为企业输送更多应用型人才。第三，企业内部培训当中，一定要充分掌握工作人员的知识与技能水平，有利于有针对性地展开培训，让其更好地完成工作。第四，不仅要重视对会计人员的专业培训，还要重视提高会计人员的综合素质，提高会计人员的职业道德素养，避免出现泄露信息等现象。

（三）努力研发会计工具

管理会计在核算机制与运行模式层面，要优于传统的财务会计，公司应将最前沿的理论方法与工具投入管理会计与财务会计当中，以此促进二者的有机融合。

现阶段，伴随产业结构的转型以及产业与产品的紧密结合，市面上出现诸多的管理会计工具，并以此满足企业转型的需求。然而要寻找到符合企业发展特征与特点的工具，相对困难，对此企业应优先选择自主研发的形式，利用"互联网+"与大数据技术，提升管理会计与财务会计的整合力度，使二者在企业财务管理中发挥最大的效用。

（四）设置独立管理会计部门

管理会计的主要目的是保证企业决策的正确性，确保企业可以最低成本获取最高效益，管理会计是企业会计的分支。管理会计主要涉及成本与管理控制两方面的内容。以前，企业未设置独立管理会计部门，由财务部门负责财务会计与管理会计工作，导致员工职责不够明确，这对企业发展不利。为避免这一问题，推动企业稳定发展，企业需设置独立的管理会计部门。企业为降低经营成本，需积极融合财务会计与管理会计，以提高企业会计的工作质量。企业需注意的是：在融合财务会计和管理会计时，需将财务管理与预算工作区分开，由不同的、独立的部门负责不同工作，这对保证财务管理工作效率具有重要意义。

随着知识经济时代的到来，财务会计和管理会计的融合是必然的，企业必须遵守国家的法律法规，建立健全会计制度，改变传统的意识，促进二者的融合，同时要充分利用网络技术平台，做好二者之间的数据共享，为企业的发展提高竞争力，使企业在激烈的市场竞争下稳定可持续发展。

第四节　网络经济时代下的财务会计管理

网络经济时代的到来为多个领域的发展均带来了较大的影响，财务会计管理工作作为企业发展中的重要管理内容，也会受到一定影响。借助网络技术与计算机技术开展财务会计管理工作已经成为提升财会管理效率和质量的重要手段，而同时也表现出一定的弊端，在网络环境中存在的安全风险问题也会直接影响财务信息的安全性，这是我们需要解决的重点难题。本节就针对网络经济时代下，财务会计管理的管理问题进行分析，并且探讨提升财务会计管理的措施，希望可以有效降低网络经济对财务管理的影响。

科技水平的不断提升衍生了多种新技术，这些新技术在社会生产中表现出较好的应用成果，有效推动了我国社会经济的发展。其中不乏影响较为深远的技术，计算机技术的应用标志着我国在科技方面的良好发展。计算机技术与网络技术的同期发展在一定程度上改变了人们的生活方式，为人们的工作与生活提供了诸多便利。对企业管理的影响也是不可忽视的，尤其是财务会计管理工作要想适应当前的发展环境，就必须引入新的技术，从而提升财务信息的准确性与真实性，为企业的发展提供准确的信息支持。

一、现阶段财务会计管理工作的重点

在网络技术快速普及的基础上，计算机技术也已经逐渐融入人们的生活与工作。企业发展的过程中，多种管理工作均会借助计算机技术来开展，利用相应的软件进行信息处理与核算，提升了管理的效率。同时，还可以保证对各类管理信息的及时同步，企业部门在进行信息汇报时也可以直接通过网络的形式实现。财务会计管理中涉及很多重要的数据与信息，在进行信息汇总与核算时如果能够借助计算机技术来完成，便可节省大量的核算时间，同时也可保障核算信息的准确性。但从现阶段的财务会计管理状况来看，还存在财会人员技术水平不到位的情况，无法保证对计算机技术和网络技术的灵活运用，这也会对财会管理工作的顺利开展造成较大影响，此类问题已经成为当前财务会计管理工作中所面临的重点问题。

二、网络经济时代下财务会计管理中面临的问题

网络技术的大范围应用，使得各类生产活动以及管理工作效率都有了显著的提升，已经成为推动社会经济发展的重要力量。网络技术的推动性作用主要表现在为企业发展以及管理工作提供了多种便利，可以有效促进企业的经济发展，从而直接反映到社会经济发展方面。但同时对企业财务管理工作所形成的影响也较

大，会严重制约财会管理水平。下面就针对新的经济时代，财务会计管理中存在的几点问题进行分析。

（一）财务会计信息受到安全威胁

企业的财务会计信息是反映企业最真实财务状况的数据信息，因此这对于企业来说是极其重要的保密性内容。一旦信息被窃取或者泄露，就会使得企业的信息处于透明化状态，如果被竞争者所获得，或者被不法分子所利用，就会对企业造成绝对严重的后果，持续经营状态将难以保持。因此企业的这部分不对外界公开的信息实际上就是企业的内部机密，特别是在以网络为主体的经济时代下，信息传播的范围及速度是不可小觑的，因此这就需要对企业的保密信息进行安全性保障。在企业的日常运行过程中，信息泄露的危险性源头主要来自以下几点：

首先，是计算机本身的基础设备，这一方面的安全性是最难以掌握的，并且要想绝对避免几乎是做不到的，这是由于计算机组成中的部分程序本身就是不安全的，并存在一定的高运行风险，或者是计算机受不明问题的影响，导致硬件设备成为主要风险源，但是这一问题并不是经常发生的。

其次，网络中有目的性的黑客入侵，或者是病毒传播，这种安全隐患的发生频率是比较高的，这主要是这部分问题的发生是具有授意性质的，不仅攻击目标确定，攻击主体更是具有界限，主要就是为了窃取商业机密。

最后，是企业内部所致，工作人员在利益驱使下，严重违反职业操守，将财务信息在违反规定的情况下盗取泄露。

（二）企业信息系统的建立脱离实际

企业信息系统的发展存在滞后性，这是以财务会计的实际操作系统为基础进行论述的。在社会不断发展的时代背景下，财务会计在日常工作中频繁应用的软件功能也更加趋于多样化，并不是仅仅局限于核算等根本内容上，涉及范畴中逐渐加入了会计管理方面，这就使得以往的会计工作的流程及内容更加具有全面性的特点。除此之外，相关的部分系统也更加符合应用标准，并显现出了细分化优势，但是目前财务会计日常使用的处理系统大多是通用型软件，并不具有针对性，这就使得软件的整体应用上具有一定的限制性，不仅不能够满足实际应用需求，更使得会计工作的工作量有所增加。

三、网络经济时代下提升财务会计管理水平的相关措施

（一）注重立法

在当今社会，网络信息化已经深入各个领域中，在为人们的生活及工作带来便利的同时，部分以网络为主体的犯罪形式也逐渐增加，而政府对这一问题的重视度也逐渐上升，这主要是因为网络在进行信息传播时可以不受范围限制，并且速度相当快，造成的影响也相对较大，因此这种违法犯罪形式将会直接影响到社会的安定程度。为了防止企业信息的泄露，或者保障网络市场经济的正常运行，国家对相关法律法规进行强化及完善是极其必要的，这不仅需要对网络环境进行维护，还需要将以网络为平台进行的交易流程进行规范化管理。与此同时，我国已经存在的相关会计法律也需要在原有基础上进行补充，这主要是针对网络经济时代下的财务会计管理工作进行的。

（二）增强网络安全，消除信息风险

计算机技术和网络技术已经成为人们工作与生活不可缺少的技术内容，在实际应用的过程中给工作与生活带来了极大的便利，还为人们提供了更多的信息获取渠道，但同时也存在一定的安全问题。其主要表现为，受网络环境影响，很容易造成个人信息泄露，对于企业而言，信息泄露的危害无疑是巨大的，尤其是财务管理方面的信息内容，产生泄露或者被恶意篡改均会为企业带来较大经济损失。这就要求相关人员加大对网络安全的关注力度，通过设立防火墙和加设安全防护软件来提升系统安全，这也是现阶段进行网络安全防护的重要手段。

（三）加大对应用软件开发的投入力度

现代财务会计管理工作的开展离不开计算机技术和相应软件的大力支持，要想进一步提升财会管理工作的水平，就必须对应用类软件进行不断研发，使其更加适应企业的财会管理工作。具体开发的过程中，也需要综合考虑软件的实用性

能和适用性。具体而言，需要根据不同领域的管理特点，设计针对性较强的财会管理软件，从而为财会管理工作的有序开展提供支持。

（四）注重人才培养

在企业之间的网络竞争日趋激烈的同时，会计工作从业人员的专业水平及综合素质对企业高效运行及长远发展来说具有一定的影响，因此提高会计人员的整体水平对企业本身是大有裨益的，这样企业的综合实力才会有所增强，并迅速抢占市场份额。以当前的现实情况为出发点，对企业中的会计人员的专业培养及能力提升应从以下几个方面入手：首先，应将会计人员的专业培养方向向计算机方面延伸，使这部分工作人员能够将专业知识与计算机操作紧密结合，并在实际工作中能够高效地完成操作。其次，增强对会计人员的安全性保障意识，使其能够从根本上认识到自身工作中所存在的风险，并以此为基础，提高个人职业道德及操守，避免安全风险的发生。最后，对会计人员进行不断的专业更新教育及培训，使其能够符合网络经济时代下的人才需求。

因传统财会工作发生了巨大的变化，财会人员的工作状况也发生了巨大变化。随着互联网经济的发展，我们的生活环境发生了变化，公司的交易速度有了大幅度的提升。互联网给我们的生活带来改变，但同时也给我们的生活带来了一些问题，我们要利用好互联网给我们的高效与便捷，也要使财会工作得到良好循环，从而提升工作质量。

第七章　财务会计管理模式研究

第一节　新会计制度下企业财务管理模式

企业单位和事业单位的发展，离不开财务管理。财务管理的优化对企事业单位意义重大。随着新会计制度的正式施行，因为原有会计制度的诸多不足，组织的发展已经受到了原有会计制度的影响。特别是对于企业发展来讲，基于新会计制度的财务管理具有明显的决策性作用。当前，我国经济进入了快速发展的新常态，会计制度变革势在必行。在当前已经革新的会计制度面前，企业财务管理人员要对财务管理做出相应的变革。这是企业可持续健康发展的基础。

一、新会计制度在企业财务管理实施中的重要作用

第一，促进企业财务管理理念的积极转变。毋庸置疑，获取利润是企业发展的主要目标，提升业务能力是企业孜孜不倦的追求。这种情况下，企业财务管理就无形中变成了辅助企业发展的重要部门，在很多企业领导看来，情况就应该是这样。随着企业管理理念变革力度的不断加大，企业只有不断适应新会计制度的相关规定，才能让企业顺风顺水，获得可持续发展。第二，提升财务管理人员的工作效率。原有的财务管理制度，财务管理人员的工作惰性、工作惯性对工作的影响很大，相对应的工作效率也很低，工作积极性受到很大影响。新会计制度的推出，对财务人员的业务能力提出了新要求，也更注重财务人员的工作效率及工作积极性，让他们更多地注重单位的长远发展目标并为之服务。在新会计制度下，财务部门会科学有效地设置财会岗位，在尽可能降低成本的情况下，提升工作效

率，进而让企业效益最大化。第三，提升企业财务核算流程的完善程度。新会计制度的实施，一部分关注度在企业的财务核算流程的完善上。很多情况下，组织要想尽可能提升组织能力，就要实现财务核算流程的完善再造。在原有流程不再适应企业发展的需要时，就要尽可能推进流程再造。举例来讲，在财务报销中，原有的报销制度下，财务人员要在粘贴好发票后，到相应窗口实施报销，很多时候，因企业人员众多，会出现排队报销的情况，效率低下不说，还很容易出现差错，影响了企业的快速发展。新会计制度下，企业实施网上报销，在不需要排队的情况下，财务报销就会高效完成，提升了效率，节省了人工，降低了人员成本。

二、企业财务管理模式优化策略

（一）增强对新型财务工作的重视

随着时代的快速变化，国家实施了新企业会计准则体系，企业开展财务会计核算工作因此面临着更为严格的要求，企业必须因此形成更全面、准确的数据资料库，这是企业发展所面临的挑战。但与之对应的，新会计准则已经缩短了其与国际会计报告准则的差距，这就为企业财务工作的进行创造了良好的外在条件，也使得企业纷纷加深了对财务工作价值的认识，从而自发地参与到现代化财务工作体系中。传统财务工作模式下许多企业对财务数据分析的认识不足，导致其对财务工作者素质、专业程度的把关不严格，许多资质和经验不足的员工流入岗位。基于此，企业需要在新会计准则的指导下，主动转变思想观念，将财务工作提升到重要日程，并且加大资金、技术投入力度，为财务工作的开展奠定坚实基础。

（二）强化财务人员信息化技术分析工具的使用

在新会计准则的指导下，企业需要促进财务工作与信息技术的高度融合，传统的主要依靠人力完成财务分析等系列工作任务的习惯必须得到改变，按照有关经济法的要求，可以将与资金相关的诸多数据作为对象加以考察，确保信息的实时性和准确性，并且有效降低人力、物力资源的消耗。具体来说，企业要注重考察财务人员的资历及从业经验，适当提高员工准入门槛，将不符合工作能力要求的员工排除在财务工作范围之外，确保员工具有一定的综合知识广度和深度。再者，企业要注意加强对财务工作者信息技术掌握能力的培养，使其可以对数据做有效整理。

（三）强化企业自身财务管理与控制

为确保新会计准则能够在企业财务管理过程中更好地落实，企业必须从内部出发，强化自身财务管理与控制的力度，并以此为基础建立科学合理且高效的财务监控管理制度体系。想要提升企业内部人员的财务管理意识，就必须提升资金管理工作的地位，并以细化的形式让其体现在各个部门的实际工作之中；对资金应用效率也加以关注，并将实现企业资金利用效率最大化作为提升管理的主要目标，以此来实现资金和使用实现高度配合；企业物资管理也需加强控制，让物资的采购工作、使用工作、销售管理制度能够更加规范；可采用现存货物管理的方式对现存货物和应收账款的管理工作加以辅助，解决企业流动资金匮乏或资金流转性较弱的问题。

（四）注重反映企业盈利结构合理化

企业财务分析在企业结构上要注重企业资金结构的反映，即对企业结构进行分析时要了解不同资金所在不同位置的流向，对企业在项目中所使用的人力、物力成本做初步的分析和精准性的把握，对以往的资金流向起到历史性的参考作用，对当前及日后的资金流向动态做实时动态监测，实现企业的财务资金明朗化；通过对企业不同时期数据的对比，增强财务分析决策的科学性和有效性。新型的会计制度，对企业的纪律条例有了新的规范，要求企业法人以及相关的财务部门对内部资金结构具有与时俱进、实时更新的财务理念，保证在企业内部财务数据上的严谨性。

综上所述，加强对新企业会计准则下企业财务工作的发展与转变的探讨，具有重要的现实意义。相关工作人员需要在避免和改善如忽视财务分析的重要性、财务报表数据存在滞后性、财务工作人员综合知识广度和深度不足的问题的基础上，提出新会计准则下企业财务工作发展的建议，增强对新型财务工作的重视，充分认识传统分析方法的局限性，注重反映企业盈利结构合理化，强化财务人员信息化技术分析工具的使用。

第二节　财务会计管理中的内控模式

在企业现代管理中，财务会计内部管理控制是一项非常重要的内容。随着我国社会经济市场的迅速发展，企业之间的竞争越来越激烈，这就凸显了财务会计内部控制的重要性。目前财务会计内部控制方面存在一系列的问题，那么就要提高财务会计内部控制效率，找出其中的问题，从根本解决财务会计内部控制中存在的问题。加强财务会计内部控制管理制度、完善财务会计内部控制制度等，都是提高财务会计内部控制的策略，能够有效促进企业的可持续发展。

财务会计内部控制指的是企业内部为了提高财务会计信息的质量及效率，使企业中的资产具有安全性、完整性，保证企业能够履行相关的法律规定，从而制定的控制方式、措施及过程。财务会计内部控制是企业内部的维护系统及预防警报系统，也是企业可持续发展的重要内容。创建健全的企业内部控制体系，完善企业内部控制监督和控制系统，加强财务会计内部控制，能够有效地促进企业管理朝着现代化的方向发展，从而使企业可持续发展。

一、财务会计内部控制现状及问题

自改革开放以来，我国社会经济呈直线上升趋势，发展飞快，各类企业应运而生。由于众多企业的开创和兴起，企业之间的竞争激烈。一些企业忙于外部竞争，提高自身的外部竞争能力，而忽视内部的管理，使财务会计内部控制失调，导致其出现了一系列的管理问题。

首先，财务会计内部管理人员没有明确的现代管理意识，企业内部没有规范的管理制度，人员控制意识较为薄弱，对管理体制没有进行全面的创新和改革。财务会计工作方面没有明确的分工，导致财务会计没有规范的工作标准，影响企业的可持续发展。

另外，部分企业内部没有严格的资金财产清查制度，或者财产清查制度不完善，这就导致企业并不了解自身有多少资金。还有部分企业中的内部审计没有发挥出自身的作用，其工作人员没有合理分配，弱化管理效应。财务会计内部管理工作制度混乱，导致企业中的会计信息及财产信息严重失真，出现虚假、捏造事实的现象，从而使企业在市场中的竞争能力下滑，影响企业的经济效益及可持续发展。

其次，部分企业为了使自身利益达到最大化，就要求部门经理掌握企业中的开销费用，但是并没有规定和制定具体的制度，这就导致部分人员浪费资源，在购买企业所需材料中导致资产的大量浪费，使企业造成巨大的亏损。

最后，部分企业内部人员并没有根据规章制度履行义务，甚至还有部分人员利用规章制度中的漏洞占用企业中的资金、开设虚假发票。还有人员做出贪污、违法等行为，这都影响着企业今后的发展。

二、财务会计内部控制的基本策略

（一）完善财务会计内部控制机制

财务会计内部控制机制与企业的组成有着一定的联系，并且与企业运行中的变化也有着一定的关系，完善财务会计内部控制机制，是将财务会计内部系统组成相互关联、作用的形式，并且使这些形式相互衔接，从而实现企业内部控制的目的，使企业内部整体的运行更加顺畅。具体来说，财务会计内部控制机制包括财务会计中的所有因素，比如工作人员、资金、设备、发展计划、实施过程等等，企业要将企业内部控制看成一个整体的系统进行运作，使其内部的每个因素都可发挥出自身的作用，并且使内部的各个因素都可相互合作，这样才能规范财务会计内部控制，使其能够在企业运行中发挥出自身的作用。

企业首先要将财务会计内部中的人员创建主管机构，使会计内部控制可正常运行。其次企业还要创建相关的法律规定，使企业中的各部门依法办事及工作。

（二）使财务会计内部控制机制可以正常运行

企业在完善会计内部控制机制之后，要以其为基础，对会计工作进行有效的控制，并且对会计工作的制度和核算进行有效的监督，使财务会计内部控制机制能够落实到位，正常运行。要求财务会计工作人员可以进行自我监督，还要有专业的人员对其进行监督，并且对外部的审计工作进行监督。监督内容具体主要包括财务会计信息是否准确、合法及完整；财务会计账簿是否被伪造、销毁、造假等；企业实物及款项是否正确、符合实物，是否按照相关规定进行处理；企业资金收入支出是否全面，如果发现有问题应该及时制止并且予以纠正。

（三）提高内部审计中的事前、事中、事后监管

在企业内部经济监督管理中，内部审计是一项重要的内容，它在运行过程中可以发挥自身的审计职能，有效地监督企业中的经济活动，提高对企业内部的管理，从而提高企业中的经济效益，使企业可持续发展。在进行内部审计时，值得注意的是，如果发现企业中会计核算、资料、财产收入与支出、经济活动中存在一系列虚假、缺失、违法、失效等行为或者问题的时候，首先就要保障企业内部的核算资料是真实且完整的，保障企业中的财产是安全的。事前监管主要是对财务会计内部控制中的制度、措施和制度措施实施的情况进行有效的监督及查看，使会计内部控制可正常有效地进行。

总而言之，财务会计内部控制在各企业中都有着至关重要的作用，其也是一项系统化的工程，提高企业内部的管理，将现代化的管理落实到位，创建并完善财务会计内部控制，与企业外部监管相融合，并且在实践中发现全新的控制策略，使财务会计内部控制发挥出自身的作用，促进企业的健康可持续发展。

第三节　财务会计成本精细化管理模式

财务在企业发展中起着核心作用，实施财务成本精细化管理将有助于企业财务的稳定，维持资金安全及企业稳健运营。只有建立完善的财务成本管理体系，才可以更好地为企业实施精细化管理工作保驾护航。本节将深入分析企业进行财务成本精细化管理的重要性、精细化管理实施中存在的问题，并提出相应的改善措施，以期推动企业财务成本精细化管理的有效实施。

在现代经济发展的进程中，寻求经济效益的最大化一直是众多企业的追求。

在这个过程中，财务成本精细化管理的模式，也在我国企业的不断摸索尝试中逐步运用，虽在推进过程中仍有许多问题有待解决，但其带来的效益也是显而易见的。企业也逐渐意识到精细化管理的实施已是时不待己，要更好地发展，企业要做的就是克服眼前的困难，解决推进过程中出现的问题，大力推进成本精细化管理的进程，从而增加企业经济效益和提高经营管理效率，促进企业健康发展。

一、企业财务成本精细化管理的重要性

（一）有助于提升企业的经济效益

企业实行财务成本精细化管理，可以提升企业整体管理效率，从而促进企业经济效益的增长。企业财务成本精细化管理涉及部门广、人员多、流程细，除有利于各部门之间更好地协同合作外，还能提升企业的整体工作能力及效率，优化整体的内部生产流程。由此，既可以避免产生不必要的重复劳动和造成资源浪费，也能使相关人员的综合能力得以提升，有助于企业培养出综合型人才，从而可以在企业管理的过程中提出各方面的意见建议，为企业经济效益的增长助力。精细化管理模式的运用能将企业的管理职责和管理成果精细明确地反映出来，职责精细化是企业上传下达的有力保障，成果明确化是企业调整改进管理模式的参考标准，拥有上传下达的执行速度和明确的管理模式改进标准才能提升管理的效率，让企业在精细中谋效益。

（二）有助于降低企业财务管理风险

财务成本精细化管理能使成本支出更有计划性且得到更好的控制。随着经济的发展，员工最低工资标准不断上调，导致人工劳动力成本上升；原材料价格的提升、销售渠道拓展成本的增长等因素，也使得企业的各项成本支出不断抬升。在成本上升的大环境中，企业一旦出现成本上升的幅度长期大于利润上升的幅度，就会导致企业出现亏损，致使企业陷入发展困境，甚至使企业面临破产倒闭的风险。然而，企业进行成本精细化管理，可以使其对各种给予利润造成不利影响的成本事项进行实时掌控，及时通过实施成本精细化控制方案，来对成本不利差异进行弥补。与此同时，企业的成本支出计划也能得到相应调整，使成本支出更加细化以得到更好的控制；这让企业更加清楚成本资金流向的同时，又能降低企业财务风险的概率，规避企业破产风险。

（三）有助于提升企业的市场竞争力

企业推进实施财务成本精细化管理理念，并将其发展成一种企业文化，在一定程度上可以提升企业的市场竞争力。一方面，精细化管理某种程度上提升了企业的经济效益，使得其在激烈的市场竞争下仍可以拥有效益上的优势，而在市场经济发展的大背景下，相同成本产出更高效益的企业无疑拥有更强劲的竞争力；另一方面，财务成本精细化管理，能助力企业由单一财务成本精细化管理向全面精细化管理模式迈进，促使企业整体的管理模式由粗放化向精细化转型。然而，这种在管理水平上的提升，是同行业的竞争者在短时间内无法效仿实施的。这就使得企业能在行业内保持住自己现有的优势，为其在经营效益上取得新的突破争取到更多的时间，去寻找机遇和锻造新的竞争优势。

二、企业实施财务成本精细化管理中存在的问题

（一）缺乏成本精细化管理意识

在管理会计趋势下，企业管理层缺乏财务成本精细化管理意识，缺乏支持企业财务成本精细化管理的运行机制，从而无法推进精细化管理模式。然而，新模式的运用如果得不到领导层的足够重视，也会致使其形同虚设，那么企业在追求经济效益最大化目标的路上就少了一个重要的途径。员工缺乏精细化管理意识，则会出现员工缺少主动探索学习的动力和提升自身精细化管理知识能力的热情，这不利于企业培养综合型人才，导致员工工作配合度不够，指令的上传下达效率低下，致使精细化管理制度的推进进程缓慢。

（二）缺乏完善的成本精细化管理制度体系

由于成本管理制度的不完善，原材料、低值易耗品等存货在采购过程中并没有采取货比三家择最优的方式进行，在未能给企业带来采购质量和价格优势的同时，还可能由于过度采购而增加企业的仓储费用和保管费用，增加企业的成本支出。机械设备等固定资产的采购缺少相关制度的约束，将使得企业的折旧费用和

维修费用增加，这会降低企业的经营效益。成本精细化管理实施制度的不完善，导致成本精细化管理模式未能引起足够的重视。对于员工，他们不能形成成本控制从自身做起的自觉性，导致其参与积极性低下，精细化管理推进缺乏落实度；对于管理层，实施制度的不完善引起的重视度不够，在进行重大决策时不会将成本管理纳入战略层面，无法让成本管理理念真正深入企业。显然，成本精细化管理实施制度的完善度不够，会阻碍成本精细化管理的进程，影响其成效。而成本核算制度的不完善，导致企业经营周期内产生的实际成本无法与事前预算的成本值做比较、找差异，不能明确问题产生的原因所在，也就没办法将责任落实到个人以及无法进行成本控制管理方案的改进调整。那么企业的管理模式就得不到优化，一直原地踏步就会被市场所淘汰。成本绩效评价制度的不完善，造成在实施成本精细化管理新模式时，企业不能很好地对实行这项制度的员工进行绩效考核和评价，将制度落实好的员工得不到相应的奖励、没有认真落实的员工得不到相应的追责，这在极大程度上抑制了员工的工作热情和积极性。考评体系样式丰富度不足，会让企业面临在不同的成本中心出现运营状况时束手无策的情况，让考评缺乏依据无从进行，导致精细化管理难以推进。

（三）缺乏健全的信息化管理系统

目前，很多企业财务管理已经开始实现自动化，着手运用一些财务信息化系统（ERP等）来完成企业的成本核算工作，但大多数信息化系统的运用仅仅局限在核算领域，在预算与分析控制方面涉及过少，那么只实现了自动化而未实现智能化。即使是在只实现自动化而正在努力开创智能化的大格局中，有些企业却还存在购买使用市场上同一化的信息系统，而不是根据自身需求定制适合企业的专属系统，这使得信息化管理系统缺乏专一性和针对性，不利于改善企业的成本管理模式。企业要实施成本精细化管理，信息化系统的助力必不可少，倘若使用对企业精细化管理需求标准来说，不健全的信息化管理系统来进行核算，就会出现企业管理需求的细致数据系统无法提供的现象。虽然与大众信息化管理系统相比，定制系统的耗用相对较高，但如若连精细化管理最基本的需求都得不到满足，这无疑是企业在推行精细化管理道路上的一块拦路巨石。

三、优化企业改善财务成本精细化管理的举措

（一）增强财务成本精细化管理意识

在企业推行财务成本精细化管理模式，需要各方群体先拥有精细化管理意识。企业管理层人员是企业实施推进精细化管理模式的领军人，他们拥有清晰的精细化管理意识，是企业实施精细化管理的保障。领军人不能也只有通过增收才可以提升企业的效益、达到企业目标利润的固化思维，从而只致力于销售收入的提升，却忽视了成本可降低的发展空间。当前，企业的市场竞争越发激烈，对消费者来说，物美价廉者定是首选对象，而企业在无法通过提升价格来达到增收目的时，通过实施成本精细化管理可使企业避免不必要的开支，这能帮助企业实现利润最大化目标，且更好地在市场上占有一席之地。企业员工是企业实施推进精细化管理模式的主力军，因此，需增强自身的成本管理意识，不要盲目地认为成本控制只是财务部门的工作。然而，要实现财务成本精细化管理，就要要求企业各个部门各个岗位的工作人员都切实参与、切身落实，员工要有成本管理人人有责、成本管理从我做起的意识。

（二）完善企业财务成本精细化管理制度体系

一是优化完善企业成本管理制度体系，实现各业务环节的流程再造。在成本管理制度上，企业进行材料采购时不能一味地追求材料价格的有利差，因为过度的有利价差可能会给企业带来更大的材料用量和人工效率的降低。在采购时要横向对比，在保证质量的前提下尽可能降低采购成本，但也要谨防因批量采购而导致仓储成本大幅增加。在生产管理环节企业要尽可能地优化其内部流程、减少不必要人员的分工、整合雷同的工作环节、降低耗费。对于期间费用可以采用作业成本法（ABC）来进行分配，确保成本能根据各项成本动因更准确地归集到各类产品中，精细化成本的分配流程，让企业成本得到更准确细致的管理。在成本精细化管理实施制度上，企业对于精细化管理制度的实施要有上传下达之效。各项成本控制项目要精细到个人身上，确保实施过程有迹可循，减少员工因成本精细化管理实施意识不强、责任不清而出现惰性的情况。在各部门也可设置专门的成

本控制人员，在监督成本精细化管理更好落实的同时，不断探索寻找成本精细化管理更广阔的途径。而管理层也要框进精细化管理实施制度中，要做到在一个项目投资前对其进行充分的现金流分析，综合判断项目投资的可行性，减少机会成本产生的概率和可能性，让成本精细化管理实施制度管控到企业的各个层面。

二是制定精细化财务核算指标，推进成本绩效考核的顺利实施。在成本核算制度上，企业要明确相应的财务指标，促使各部门协同合作，保证财务数据的真实性、准确性、及时性。在核算前可以借助管理会计思想编制弹性预算，预算编制过程中要谨防预算松弛，使预算数据对于周期内实际的成本数据具有可用可比性，从而在后期的成本核算时，有利于发现各个部分的有利差和不利差，督促企业继续保持有利部分而改善不利部分，而后为企业做预算管理和进一步调整精细化管理方案提供数据支持，让企业的精细化管理模式得到不断优化。在成本绩效考核制度上，企业可实施对不同部门的成本划分——可控成本和不可控成本，且要根据不同时期和不同部分具体划分，对于短期来说是不可控的成本，但对长期来说却成了可控成本；对于一个部门而言是不可控的成本，但对于另一个部门来说可能是可控成本。各部门明确后可利于对其更好地进行成本绩效考核，而对于企业整体而言，可控成本也可得到更好的掌控。再则企业可借助管理会计中的责任中心制度，对不同的部门甚至个人采用不同的考核指标，拓宽考核样式的丰富度，也可以让员工更加明确自己控制成本的方向，有目的地开展工作。在企业对各项成本控制事宜落实都到具体的个人后，要将各项成本控制结果列入年末个人绩效考评内容，对完成结果良好的员工可采取升职加薪等奖励方式激励，对完成不理想的员工究其缘由，若是自身可控因素导致的，则需进行相应的惩戒，以确保成本精细化管理制度在企业的推进有各种制度的保障。

（三）升级改进现有信息化管理系统

企业实施精细化管理也需要借助信息化的技术手段来为其更好地在企业运用保驾护航。这就要求企业在完善自身技术的同时要采用有针对性的、适合本企业的信息化系统，而成本精细化管理模式讲究的就是要将成本进行精确细致的管理，只有专一性强且适合本企业的信息化系统，才能为企业提供所需要的精确细致信息，在技术上满足企业成本精细化管理的需求。利用信息化系统，企业还可以在系统中建立中央数据收集平台，使各部门及时将自己的数据录入，形成数据流水，其优势在于：一方面，表现为相比人工收集数据的时间可大幅降低，让员工可以有更多时间致力于自身的工作和发展；另一方面，可以确保数据的完整性，降低数据丢失风险，更好地支撑企业精细化管理数据需求。如今信息化系统已经得到大范围运用，但多数表现在自动化录入和核算层面，而成本精细化管理模式的需求却不限于此，这促使企业要争取在实现自动化的同时努力创造"智能化"，企业可通过运用人工的前期预算、中期掌控、后期分析及反馈调整，让员工与信息化系统有力结合，使信息系统不只是停留在核算阶段，而向预算、分析等多方面拓展，促使信息化管理系统更好地为企业成本精细化管理助力。

在当下经济发展的大趋势中，有的企业被迫转型发展，有的企业主动寻求转型发展；而在众多发展途径中，推进财务成本精细化管理模式已然成为企业谋求更好发展的必由之路，这对各企业来说既是机遇又是挑战，而企业也只有主动把握机遇才能勇于战胜挑战，走在前沿才能避免落后挨打的局面。

第四节　中小企业财务管理云会计模式

中小企业的财务管理是中小企业运营管理体系的重要一环，不断地提升财务管理的效能，促进企业财务资源的高度整合是当前中小企业财务管理的一个主要落脚点。云会计模式的出现，在一定层面为中小企业财务管理提供了新的思路。

财务管理是一个系统的工程，不仅需要科学的财务理念的指导，也需要借助完善的财务软件及硬件的配合。随着计算机信息技术的不断发展，中小企业财务管理的思路进一步被拓宽，云会计模式更是将计算机与会计信息管理进行高度整合。

一、云会计模式的内涵

目前，在整个学术领域，围绕云会计模式这一新生事物的概念还没有达成较为广泛的共识。一般来说，云会计模式是大数据、云计算等相关模式与会计模式整合的产物。从整体特点来看，云会计模式具有一定的虚拟性。云会计依托互联网进行系统的应用与升级，在云会计具体的功能实施中，公司无须安装任何软件，也无须进行相关基础设施投资。公司相关的会计程序可以通过互联网浏览器进行访问。公司的财务信息上传到云端，公司只需进行浏览器浏览就可以进行财务数据的访问。

云会计通过网络资源将企业现有的会计管理相关的资源进行整合，在有效降低企业会计管理所需要的资源成本的同时，进一步提高资源管理的便捷性、安全性及高效性。一些企业已经开始通过云会计账户来进行云会计管理，在有效地提升自身的管理水平的同时，也进一步契合了整个市场高效化发展的要求。但是，我国的云会计模式应用，刚刚处于初级阶段，还处于探索期。如何进一步应对云会计模式对我国中小企业财务管理的相关影响，提高中小企业财务管理的综合性能水平已经成为当前会计财务等诸多领域研究的主要方向。

二、云会计模式对中小企业财务管理的影响

从宏观层面来看，云会计模式对中小企业财务管理的影响主要体现在以下几个方面：

（一）对财务管理理念的影响

在之前的中小企业财务管理过程当中，单打独斗成为中小企业财务管理的一个主要特点。这就意味着企业在岗位配置以及相关的财务管理中都是以企业自己为中心。这虽然在一定层面上符合企业财务安全的需要，但是，在一定角度上也不利于企业财务的优化。随着经济领域之间合作密度和广度的不断加大，如何改变这一单打独斗的局面，进一步地促进资源的整合，尤其是信息资源的整合是今后基于云会计模式下中小企业财务管理需要应对和提升的主要方向。

（二）对财务人员素养的影响

在进行财务工作过程当中，财务人员自身素养水平高低，对于企业运营和发展扮演着极为重要的角色。从目前来看，一些中小企业财务人员自身的基于云会

计模式下的相关软件操作水平还存在一些不足，很难胜任新时期会计管理的挑战。当面对企业发展以及面对企业发展的诸多阶段，还需要不断地立足于新时期云会计模式的影响，提升自身的媒体素养、信息素养及信息检索和筛选能力。

（三）对企业会计运行环境的影响

在进行云会计模式应用下，企业不仅需要在必要的思维方面进行转变，还需要在当前的会计运行环境，尤其是会计的软件环境方面进行优化。云会计模式需要企业进行必要的资金投入来完善企业现有的会计管理软件以及预警体系。这就意味着，企业需要加大硬件建设。虽然在云会计模式下，企业无须进行相关财务软件的添加，相关的财务管理和数据通过上传终端来实现财务数据的管理，但目前，云平台建设在我国尚处于初级阶段，基于云会计所需要的相关云计算硬件及云计算软件并不是很成熟。这就会影响中小企业尝试的信心，当然，也对云会计今后的科学应用，改善中小企业财务管理效能提出了新的挑战。从目前来看，中小企业现有的会计信息化管理等相关的硬件储备并不是很足，这就在一定层面影响了中小企业更好地迎接云会计模式所带来的挑战，也需要在今后的发展中进行系统的改进。

总之，从目前来看，云会计模式对中小企业财务管理理念、中小企业财务管理人员综合素养以及企业自身的财务运行环境提出了一些挑战。这些挑战也为今后的中小企业更好地运用于会计模式优化自身的财务管理提出了更高的要求。

三、会计模式下中小企业财务管理存在问题的原因

上文简要探讨了基于云会计中小企业财务管理所面临的诸多问题与挑战，导致这些问题产生的原因是多方面的。本节尝试从主观以及客观这两个维度来进行分析。

一方面，从主观来看。中小企业自身对云会计模式缺乏客观的认识是影响其云会计应用的一个主要原因。很多中小企业在自身的运营和发展过程当中，对于新生事物存在着一定的戒备心理。这就导致了云会计模式很难在中小企业进行推广和应用，尤其是在中小企业的发展过程当中，云会计模式自身的一些风险系数

也让很多中小企业产生了畏难和胆怯的心理。所以，在今后的中小企业运营和发展过程当中如何解除其后顾之忧，更好地提高云会计模式的应用效果，应该是今后该领域提高的主要方向。

另一方面，从客观层面来看，相比较而言，我国的云会计模式还处于初级和探索阶段，相关公司虽然出台了云会计模式的软件，但是在具体的落地实施方面还有着一定的差距。在今后的云会计模式具体应用中，还需要在客观环境尤其是制度体系方面进行系统的完善。

总之，无论是客观体系方面的原因，还是主观观念方面的原因，都在一定层面上制约了云会计模式在中小企业财务管理中的应用。这些也成为今后中小企业优化发展的主要方向。

四、云会计模式在中小企业财务管理中的发展分析

为了更好地提高云会计模式在中小企业财务管理中的应用水平，本节在借鉴相关研究成果基础上，尝试从以下几个方面来提出今后的发展建议。

（一）切实提升财务人员信息素养

在今后的中小企业科学运用云会计模式过程当中，其财务人员应该与时俱进。一方面，对自身的专业技能，特别是云会计模式下相关技能等方面进行强化。企业可以通过岗位培训等来进行夯实基础。另一方面，还应该在必要的岗位设置方面，加大对云会计相关监管体系的完善，避免在财务人员自身工作过程当中存在的监守自盗以及信息造假等舞弊现象。只有这样，才能更好地保障云会计模式的科学效果的发挥。

（二）积极健全制度体系

为了更好地满足云会计模式的科学发展需要，在今后我国云会计模式的落地应用过程当中，企业及相关的组织部门应该围绕云会计模式发展特点以及中小企业财务管理的需要不断地在制度体系方面进行完善。尤其是完善司法保障体系。通过法律的保障来更好地促进云会计模式的科学应用，对于违反相关规定的责任

人第一时间进行处理将可能产生的损失降到最低。只有这样，才能最大限度优化云会计运行环境。云会计模式对于整个中小企业财务管理以及我国财务管理体系的优化有着极为重要的影响。在今后的发展中，相关部门应该不断地基于云会计的发展趋势，制定具体的云会计管理系统性能评估制度。

总之，在今后的云会计模式运行和发展过程当中，企业和个人应该不断地进行云会计模式发展理念的革新及相关环境的优化。只有这样，云会计模式才能够在中小企业得到更大化的应用。

本节主要探讨了云会计模式的出现对我国中小企业财务管理所产生的影响，以及在其影响下中小企业财务管理所面临的发展挑战。在借鉴相关研究成果的基础上，探讨了未来中小企业科学运用云会计模式的主要思路。希望本节的研究，有助于我国云会计模式以及企业财务管理等相关理论研究的深入和完善。

第五节　企业会计电子档案管理财务共享模式

在财务共享模式下企业会计电子档案管理发生了变化，与传统会计档案管理相比具有便捷性、实时性和高效性等新特点，但也面临着新问题，包括档案存储存在较大风险、信息系统接口无法对接、档案管理制度不完善、档案管理人员素质不高等。可采取加强档案管理软硬件设施设备建设、实现档案信息系统接口对接、制定完善的会计电子档案管理制度、提高会计电子档案管理人员业务素质等举措。

财务共享模式是一种区别于传统财务管理的全新模式，其实质是企业在信息技术背景下，将各分公司或子公司的大量财务工作交由财务共享中心来处理，因而这一模式能够提供流程化、标准化的财务管理服务。在财务共享模式下企业会计电子档案管理发生了变化，与传统会计档案管理相比出现了新特点、新问题，笔者就此进行分析，并提出在财务共享模式下加强企业会计电子档案管理的若干对策。

一、财务共享模式下企业会计电子档案管理的特点

财务共享模式下企业会计电子档案管理，将会计信息系统、银企直联系统、影像管理系统、资金管理系统等实现串联、集成，并对会计电子档案进行收集、分析、处理、汇总、利用。基于财务共享模式的企业会计电子档案管理呈现出便捷性、实时性和高效性的特点。

一是便捷性。企业通过影像管理系统对收集来的原始会计凭证进行扫描后上传至财务共享云平台，在云平台上企业利用会计信息系统对原始凭证进行处理生成电子会计凭证，再对电子会计凭证进行处理生成各类账表，如现金日报表、总账、明细账、多栏式明细账等，最后生成资产负债表、利润表、现金流量表等各类报表。此外，在财务共享模式下，企业与银行的连接方式发生变化，企业可直接通过银企直联系统获得完整的银行电子回单，并根据银行电子回单生成会计电子凭证，实现电子对账。

二是实时性。传统的会计档案管理模式不能实现数据的实时更新，而在财务共享模式下原始会计凭证通过扫描上传到云平台，可即时生成会计电子凭证并在系统中生成各类报表，为决策提供服务。以费用报销流程为例，首先，员工在出差时通过信用卡消费产生的费用数据，能够实时传递到企业云平台上。其次，员工在报销费用时根据报销内容选择特定模块，并根据报销金额以及报销事项进行填写；财务部门只需将云平台上的数据与员工填写的报销事项进行核对，如信息一致即可将这部分数据传递到银行系统中，由银行完成费用支付。最后，企业云平台的会计信息系统根据发生的业务自动生成相应的会计电子凭证，进而生成会计电子档案。

三是高效性。基于财务共享模式的企业会计电子档案管理，能实现企业会计电子档案收集、处理、分析、利用的一体化，档案管理具有高效性。而传统的会计档案管理要耗费大量的时间与精力，如需要打印大量的电子凭证。

此外，基于财务共享模式下的会计电子档案管理，能够实现档案信息一体化管理。具体来说，会计电子档案可以在企业不同部门（如采购部门、销售部门、

仓储部门、财务部门等）之间传递，如采购部门采购时，采购员在采购系统生成采购订单、采购到货单、采购发票等，其中采购发票传递至财务部门的总账系统，采购到货单传递至仓储部门生成采购入库单。不同单据在不同部门之间传递，实现信息的实时共享。

二、财务共享模式下会计电子档案管理存在的问题

其一，会计电子档案存储存在较大风险。首先，计算机系统存在网络安全隐患。其次，传统会计电子档案只需实现企业内部联网，而基于财务共享的会计电子档案则必须实现外网连接，在外部网络中会计电子档案信息存在较高的被窃取、被人为篡改或删除的风险，且不法行为一旦发生还不容易被发现。

其二，信息系统接口无法对接。基于财务共享的会计电子档案信息在不同系统（会计信息系统、银企直联系统、资金管理系统）之间进行传递，若不同系统之间不能实现无缝对接，则系统之间的数据信息无法传递，财务共享很难真正实现。因此在架构会计信息系统时，应充分考虑数据信息在不同部门之间的传递，实现数据信息的无缝传递。

其三，会计电子档案管理制度不完善。很多企业管理人员思想观念较为保守，没有充分认识到会计电子档案对企业的重要性，故没有制定工作制度，更没有提供工作所需要的人、财、物支持。

其四，会计档案管理人员素质不高。基于财务共享模式的会计电子档案管理，对企业的会计档案管理人员提出了更高要求。首先，会计电子档案管理人员需要具备会计电子档案管理的意识，但目前他们的工作思维仍停留在传统的会计凭证、会计账簿、会计报表等的管理上，缺乏对财务业务发生过程中形成的会计档案资料进行管理的意识，造成的后果是会计电子档案不能及时归档。其次，会计电子档案管理涉及会计软件应用、管理系统维护、网络安全等方面的专业知识，需要会计电子档案管理人员掌握这些知识，但他们普遍存在专业知识缺乏、知识结构不合理等问题。

三、加强财务共享模式下会计电子档案管理的若干对策

（一）加强档案管理软硬件设施设备建设

配备保存会计电子档案的专用机房，做到防火、防水、防震。加大计算机硬件及存储设备的投入，配备先进的计算机硬件设备，满足会计电子档案管理对硬件设备的要求。加大管理软件的投入，及时与相关的研发企业（如会计信息系统、银企直联系统、资金管理系统等）研发企业保持联系，及时升级系统。加强网络安全管理，及时开展计算机系统病毒防范工作，如安装杀毒软件、安装防火墙等，保证会计电子档案存储安全。

（二）实现档案信息系统接口对接

一直以来，如何将企业自身系统与财务共享中心云平台实现无缝对接、建立统一的信息系统接口，是一个难题。如某集团提出了企业信息系统与财务共享中心云平台对接的解决方案，实现企业系统与财务共享中心云平台的对接；再如某企业依托企业资源计划系统（ERP 系统），规范会计电子档案的文件格式、接入频率等，并制定会计电子档案的接入标准，实现 ERP 系统、资金系统、报账系统与云数字档案馆系统之间的无缝对接，使会计电子档案顺利归档。

（三）制定完善的会计电子档案管理制度

企业可根据新《会计档案管理办法》要求，积极建立会计电子档案管理制度，明确会计电子档案保管、借用和归档、备份等工作要求。比如建立会计电子档案查阅制度，规定查阅会计电子档案需得到财务部负责人的同意，并按照会计电子档案查阅流程严格执行，相关人员无特殊理由不得修改、删除会计电子档案；若确实需要修改会计电子档案，修改后需重新进行审核和归档。

（四）提高会计电子档案管理人员的业务素质

在财务共享背景下，财务部门的一部分人员必将实现转型。据调查，一部分企业采取就地安置财务人员的办法，一部分企业选择部分优秀的财务人员进入财务共享中心，部分员工转岗至企业其他部门，如销售部门等。对于留在财务部门

或者进入财务共享中心的人员，他们的一项重要工作任务就是要管理好企业电子会计档案，因此首先要正确地认识到会计电子档案管理的重要意义，树立正确的工作理念，并认真学习《会计档案管理办法》等相关规定，不断提升档案管理业务能力。其次要懂会计工作、会计软件应用、管理系统维护、网络安全等方面的专业知识，只有这样才能胜任财务共享模式下的会计电子档案管理工作。

第六节　企业财务管理会计集中核算模式

会计集中核算是近几年来许多企业为了适应市场环境的变化实行的一项新的会计核算制度。会计集中核算可以起到规范企业财务行为、提高资金使用效率、降低筹融资成本、提高企业会计信息质量的作用，对提高企业会计人员的业务素质也发挥了积极作用。但是在实际工作中该模式确实显露出一些问题和不足。财务会计管理工作是关系企业发展的核心问题，为了进一步发挥会计集中核算模式的作用，解决目前已经出现的问题势在必行。

随着我国经济的快速发展，企业规模不断扩大，经营形式也日益多元化。在这种情况下，财务会计管理工作作为企业经营管理工作的关键也随之进行着深化变革。许多企业改变了原有的会计核算模式，开始实行会计集中核算。这种财务管理方式实现了各个下级单位共性财务工作的集中管理，是实现企业价值最大化的一种先进财务管理模式，是对企业尤其是集团企业人、财、物等资源整合配置的一种有效管理机制。Y 家居自 2005 年开设第一家外地分店开始即实行集中核算制度，到目前为止，各个门店的资金管理、账务核算都由总部财务部统一集中管理。这些年在实施过程中，虽然不断地根据实际情况进行完善，但是目前仍存在着一些亟待解决的问题，本节就目前 Y 家居财务会计集中核算管理中存在的一些问题进行探讨和分析。

一、会计集中核算模式对企业财务管理工作的影响

会计集中核算对会计核算口径进行统一规范。会计集中核算的管理模式是在

实际工作中对同一或类似的经济事项运用统一的核算方法进行会计处理，使会计基础数据具有同一性，各项报表及数据的收集更加规范、有效、准确，从而提高了会计信息的质量。总部可以通过会计账面的数据了解、分析所属门店的各项财务信息，及时把握经营情况，做出合理的经营战略调整及部署。

会计集中核算有利于实现资金统一管理。实施会计集中核算可以将所属门店的资金集中统一调配管理，减少企业内部资金冗余沉淀，改善资金结构，切实提高资金使用效益。同时，资金的统一管理有利于降低筹融资成本，减少资金运营风险，提高企业资金安全系数。

会计集中核算可以提高会计人员的工作效率。首先，实施集中核算后，Y家居总部统一设置核算人员，根据目前的工作量及会计电算化水平，一般可以一人管理两家门店。其次，核算人员集中，方便了人员管理及信息共享，有利于各项财务数据及财务报表的及时准确出具、上报，有利于提高会计报表的准确性。

会计集中核算有利于高素质会计队伍建设。Y家居近几年培养财务人员基本是按照一线实习、出纳岗位、资金/税政/核算岗位、门店财务负责人的流程来进行的，集中核算模式的实施为人员培养提供了平台，提高了财务人员的业务素质、管理水平及沟通能力，培养了多位门店财务负责人，为产业的壮大和发展提供了保证。

二、Y家居会计集中核算的现状

Y家居目前集中核算的门店在总部财务部设专门核算人员，专司相关门店的凭证审核、记账、报表出具、相关数据、报表报送，配合年报审计、年度目标考核，门店账务工作业务指导等工作。门店财务部门设置财务负责人、出纳、收银人员、收费人员。相关业务原始单据每月由门店财务人员定时传回总部财务核算人员处理。每年度终了，核算人员将门店相关凭证、账页等原始资料整理装订完毕，交回门店存档。

各店日常资金由总部财务部统一管理，定时对门店进行资金拨付。筹融资事项由总部财务部统一管理。各店财务负责人由总部委派，负责门店财务人员管理及其他财务相关工作，部分财务负责人兼任综合部负责人。

三、会计集中核算模式下企业财务管理存在的问题

实施会计集中核算是改变传统企业财务管理模式的一项新举措，是为了更好地适应企业发展做出的变革。实施会计集中核算后，各门店的资金管理、会计核算职能交给了总部财务部门，门店不再掌握这部分财务工作，但各门店仍是会计核算的主体，承担会计法律责任，由此不可避免地会出现责权的错配及不协调。现阶段，Y家居实施会计集中核算出现的问题主要体现在以下三个方面。

（一）管理者对会计集中核算的认识不到位

如何发挥会计集中核算的优势，使其更好地为企业发展服务，需要在逐步实现会计核算集中化的过程中总结和完善，这是一个循序渐进、逐步改革的过程。实施会计集中核算的本意是规范会计基础工作，保证会计信息的真实，提高资金使用效益。但是在实际工作中，很多管理者认为将门店的资金归集起来，对门店账务统一处理就实现了集中核算。同时由于门店不再设置核算人员，门店负责人对财务管理工作也不再重视，认为只要总部收上去就是总部的工作了，不再是门店的工作，只要所需资金可以按时拨付就不再管其他，而总部会计核算人员也只是在为门店记账，只能看到原始单据是否合法有效，而对实际经济活动的合规合法性无法保证。认识上的偏差，使会计集中核算的优势并没有得到充分发挥。

（二）财务管理工作和内部监督弱

实施会计集中核算后，会计核算人员集中到总部办公，脱离了各个门店具体工作环境，很难真实地观察到门店日常发生的经济事项，而且一个核算人员往往要同时负责至少两个门店账务工作或者是其他总部相关工作，无力掌握每个业务细节，看到的只是在业务发生之后的相关发票、收据、说明、报告等，这些成了会计审核监督的对象，但是这些原始凭证是否能够真实客观地反映相关经营业务的实质，不得而知，会计人员难以掌握第一手经营资料，从而使得会计监督难度加大。在实际工作中，总部核算人员往往由于不了解门店经济业务的全貌，会对

门店的某些经济业务产生以偏概全的误解，从而影响了业务处理，增加了工作的时间成本。

实施会计集中核算后，所属门店部分财务会计工作转移到总部，门店内部会计与出纳牵制机制消失，门店出纳有时候履行了会计出纳双层职责，加上部分门店的财务负责人还兼任综合办公室的工作，对财务工作的关注被分散，而核算人员又只是坐在办公室里做账，强调会计核算表面上的监督，这就使得会计职能不能充分发挥，大大弱化了会计的预测、分析、管理、监督等职能。加之核算人员业务水平参差不齐，也使得对所属门店的监督流于表面化、形式化。

按照 Y 家居现有的集中核算模式，总部核算人员主要通过门店财务负责人了解门店业务情况。但是，财务部门在门店的组织架构中是在综合部下的一个科室，部分门店财务负责人要兼任综合办公室的工作，与门店负责人有着一定的从属关系，从而使其对财务工作的关注度不够，独立性也不够。因此，实施会计集中核算后，会计工作在监督和服务方面都有所打折。

（三）沟通不畅，考核约束机制不合理

实行会计集中核算后，各门店撤销了会计核算岗位，在总部财务部设立核算人员分管各门店会计核算业务，但是各门店仍是会计主体，承担会计法律责任。由于各门店实际情况不同，在门店新开或是门店财务人员暂时缺岗的情况下，门店财务负责人需要总部核算人员承担更多的财务工作。但是总部对核算人员的定薪及考核都是根据所处岗位来核定的，并未涉及其具体管理的门店及工作量，这就造成了总部核算人员与门店之间会有工作推诿、沟通配合不畅的情况。这种情况在总部核算人员紧张、工作量较大或是门店新开各项业务不成熟的时候比较突出。

四、完善企业会计集中核算模式的对策建议

（一）转变观念，提高认识

会计集中核算有利于提高资金使用效益，提高会计信息质量，降低企业经营

风险，是企业财务管理改革的要求和趋势。所以，要提高各级管理人员对会计集中核算的认识，取得其支持和配合，转变会计核算观念。对门店一把手要有针对性地加强管理意识引导，使其明白会计集中核算对企业发展的好处，同时，会计集中核算并没有改变门店的法律主体地位，会计原始资料来源未变，会计核算基础未变，资金使用权和财产所有权未变。各门店仍是会计责任主体，要对会计核算资料的真实性、完整性负责。Y家居总部财务部门负责会计集中核算工作，需要与各门店形成良好的业务互动关系，做好沟通配合工作，保证会计集中核算工作顺利开展。

（二）加强制度建设，提高核算水平及服务意识

一方面，进一步完善会计集中核算工作规范，以保障资金安全为核心来梳理工作规范，查漏补缺。所有会计人员要严格按照规范来进行操作，统一认识、统一做法，切实做到同一类业务会计处理一致，避免十个会计九种做法。另一方面，具体负责会计集中核算的人员要树立为门店服务的意识，提高服务质量与服务效率。同时正确行使监督权力，使自身真正成为总部与门店之间的桥梁，通过自身的工作为门店管理建言献策、查漏补缺。

（三）转变企业会计职能，由核算型向管理型转变

建立会计集中核算，是将会计核算和资金管理从门店的财务部门分离出来，纳入总部进行统一管理，但是仅仅将其作为记账和归集资金的机构是远远不够的，要加强对门店各项经营活动的事前控制和反馈，在事前就应该明确款项是否该支付、何时支付、单据何时收回、审计结果何时出具等一系列问题，而不是等事情已经发生，款项已经支付后才能明确这些问题，真正从源头上解决问题，防患于未然。只有这样会计集中核算才能获得更大更好的发展，才能为企业经营者提供科学的决策依据和建议，防范经营风险，提高经济效益。

（四）加强会计队伍建设，建立健全激励考核约束机制

会计集中核算的应用和发展，要求会计人员不但要有过硬的专业知识，还要了解企业的经营模式及经营流程，具有一定的沟通协调能力等，这就对会计人员提出了更高的职业要求，必须不断学习、充实自己，以达到企业发展的要求。同

时，应该建立健全会计集中核算人员的激励考核约束机制，根据其所管理的门店结合实际业务量进行考核和激励，鼓励其提高服务质量，寓监督于服务之中，做到监督与服务的统一。

（五）明确责权关系，增强责任意识

实施会计集中核算，并没有改变门店的会计主体地位，原始凭证的来源并没有改变，门店相关人员还是要对会计资料的真实性和完整性负责，要对门店的经营风险负责。总部财务部门在集中核算工作开展的过程中，应该将管理监督工作落实到位，不断地针对企业实际发生的经济业务进行核算，发挥企业内部管理监督工作的实际效益。

综上所述，会计集中核算是现代企事业单位适应企业发展做出的一项财务管理模式的改革，在企业财务管理中起着越来越重要的作用，这种方法虽然在实际应用中具有很好的可操作性，但也存在一定的问题，需要在实践过程中根据企业实际经营情况不断完善，使其向更科学、更合理、更适应企业发展的方向转变，充分发挥其促进企业发展，实现企业价值最大化的作用。

第七节　财务会计目标成本管理模式

财务是企业经营发展中至关重要的一个管理内容，有效的财务管理是企业得以健康发展的基础保障。本节在企业财务管理中的研究中，主要对目标成本管理模式的应用及效果进行了分析。

在企业管理中，其核心管理体现在财务上，企业的经营状况经由价值形式进行展现。而成本管理又是财务管理工作中的重点内容，构建科学的成本管理模式对于企业整体财务管理水平具有重要影响。

一、财务会计成本管理的发展

在财务管理出现的初期阶段，财务管理仅仅是企业中一个附属部分，缺乏独

立的管理理念。在工业革命后股份制企业实现快速发展，为获取发行股票的资金，促使分配效益得以提升，财务管理逐渐向规范化方向发展。但是在计划经济的初期，财务管理的目标并非企业效益，而是实现平均主义。在改革开放的推进下，经济市场发展迅速，也间接地影响到企业财务管理变革的关键因素。在此阶段企业财务管理逐渐形成规模，成本管理也越来越受到各企业的关注，并发挥着至关重要的作用。财务成本管理的覆盖范围极大，具体涉及对产品研发与生产期间的成本控制、对产品宣传环节的成本控制等，为此，对管理人员也提出了较高的要求。

二、目标成本管理

（一）目标成本管理的界定

目标成本管理概念的基础是目标成本，目标成本是在一个周期内为确保目标利润实现而设定的一种预计成本，是成本预测与目标管理相结合的产物。目标成本具有多种表现形式，常见的为计划成本与标准成本。在目标成本设计过程中，需要充分结合企业整体发展战略目标，在设计完成后可辅助管理者进行成本的预测以及成本管理决策。

综上所述，目标成本管理所指向的是结合企业战略目标，将数据采集与分析作为核心，辅助企业决策层实现成本预测与决策。同时对目标成本进行分解，经由控制分析与考核评价等手段执行成本管理的办法。在目标成本管理中，目标成本设计与核算作为前提条件存在，其根本目的是实现企业效益最大化，以及促进可持续发展。在企业中推行目标成本管理有助于进一步强化成本核算能力，企业内部也能够树立起人人关心成本的企业文化，便于落实经济责任制。另外，执行目标成本管理法对于激发员工的工作积极性、促进成本下降等也均具有积极作用。

（二）目标成本管理基础环节

实施目标成本管理法的首要工作是将整个企业形成一个责任中心，再分别设置财务与研发以及生产等多个部门，而其中财务部门属于此责任中心的关键部门。在构建责任中心后，要求中心内部所有工作人员均能够明确自身在企业发展与成本管理上所承担的责任。其次，设计科学合理的目标成本。在此环节，主要内容是明确目标成本管理对象。在确定管理对象之后，依据可行性原则进行目标成本设计。目标成本设计的具体流程：结合企业战略目标或年初设计的收支预算目标确定目标成本的总额；将目标成本总额分解到各个部门，确定产品生产或研发以及行政管理等各个部门具体的目标成本额。最后，结合各部门被分配的目标成本额，设计各部门的目标成本管理方案，确保成本管理责任落实到部门及个人。

三、企业目标成本管理模式的创新

（一）成本管理创新方向

在以往的目标成本管理状态下，常规应用的手段是增加产量，由此促使单个产品的成本得以下降。实际上此种办法仅仅是针对成本管理的初级形态，社会经济的快速发展促使财务管理形式也逐渐向多元化方向发展，决定着企业应该实现财务管理模式的转变，最终实现强化成本控制的效果。在现代经济体制中，消费者在商品选择中除倾向于对质量的关注之外，对产品外形与功能及品牌的要求也在逐步增加，为此，企业方面需要加强关注附属功能服务的设计。以往的管理模式已无法满足成本管理的实际需求。需要结合经济发展形势，消费者针对产品关注点实现财务管理目标成本创新。

（二）树立起全新的成本管理思维

在推行目标成本管理过程中需要结合企业当前成本管理情况，树立起更科学且具有针对性的成本管理观念及思维。①在企业成本绩效评估环节，财务部门不能将经营成本的增减视为唯一评价标准。财务部门需要对成本的消耗与增效做综合分析，只有这样才能够为目标成本管理的推行提供全面参考。②财务部门需要客观地认识到目标成本管理工作需要渗透到企业经营的全过程，为此，应该做好对企业日常经营与管理各个环节的成本控制。形成全过程成本控制的目标成本管理思维，结合各经营环节的特征设计出有针对性的成本控制策略，确保发挥出最大的成本管理效果。

（三）产品设计与售后成本管理

针对产品数量与总额的成本控制，是企业传统成本管理。成本管理计划的设计所参考的是企业的实际经营情况，由此对产品生产情况实施动态监督。在市场经济的不断变动下，针对成本的管理不能够仅仅依附于生产过程的控制，要求企业结合市场导向作用，在产品设计到售后的全过程中关注成本控制，强化成本作用的发挥。同时还需要强化针对效益与成本的内在关联，明确最为理想的目标成本控制方案。

（四）成本管理渗透全过程

生产部门与会计部门的规划并非涵盖成本管理的所有内容，还应该进一步了解产品成本动因，促使目标成本管理经济效益实现提升。目标成本管理属于企业发展的关键构成部分。生产环节中产品消耗与成本管理等均属于财务管理中目标成本的关键内容。同时，还应该对市场发展规律进行全面调查，由此对企业实现内部调整，强化各部门之间的配合以及与市场的衔接。另外，在信息技术的高速发展中，企业的发展环境也出现了转变，企业需要做到的是迎合经济一体化机遇，合理应用现代经济技术，由此促使成本控制手段实现优化。总而言之，若想要实现目标成本管理的创新，不能够仅仅在生产环节实现成本控制，还应该在提升效益、销售成本等多个方面进行，参考企业发展状况持续优化目标成本制度。

（五）时间成本控制

如何强化企业技术改革，提升企业发展以及生产速度，发挥出经济效益最大化的目标，是现代企业价值链的关键。从这一发展规律来看，若想在竞争日益激烈的市场中不断提升自身优势，于目标成本管理期间还需要加强对时间成本的关注。时间成本控制力度的增加，一方面能够推动企业目标成本的实现，另一方面还可促使企业快速地占领市场、缩短决策时间、争取到更大时间资源优势。另外在迎合用户需求的基础上实现成本控制，为此消费者也并非凭借一个因素实现产品选择，除质量之外还涉及更多附加因素。从这一点来看，还应该加强对售后阶段成本的预测，在市场经济发展规律中，强化实践成本管理，有助于推动企业规范化的管理。

针对企业目标成本的管理，不可将单一视角作为着力点，需要着眼于企业发展需求，提升对成本规范与核算的计划，提高管理水平。在构建成本管理目标后，生产实践期间需要做出可靠的资金规划，优化管理模式，促使企业资金能够实现规范化运行，其整体效益也能够进入最为理想的状态。在目标成本管理中，目标的明确至关重要，可参考各级各部门职责实现分解，促使各级各部门结合分解后的目标成本小项开展各项工作。

第八章 财务会计税务管理实践

第一节 税务管理概述

一、企业税务管理的含义和目标

税务管理是财务管理体系中的一个重要组成部分。企业税务管理是指企业对其涉税业务和纳税事务所实施的研究和分析、计划和筹划、处理和监控、协调和沟通、预测和报告的全过程管理行为。

二、企业税务管理的原则

企业税务管理必须遵循以下原则。

（1）合法性原则。即企业开展税务管理必须遵守国家的各项法律、法规及规章制度等。

（2）服从企业财务管理总体目标原则。即企业税务管理必须充分考虑现实的财务环境和企业的发展目标及发展战略，运用各种财务模型对各种纳税事项进行选择和组合，有效配置企业的资金和资源，获取税负与财务收益的最优化配置，最终实现企业价值最大化目标。

（3）成本效益原则。企业税务管理的根本目的是取得效益。因此，企业进行税务管理时要着眼于整体税负的减轻，针对各税种和企业的现实情况进行综合考虑，力争通过税务管理实现的收益增加超过税务管理的成本。

（4）事先筹划原则。企业进行税务管理时，要对企业的经营、投资、理财活动进行事先筹划和安排可能地减少应税行为，降低企业的税收负担，从而实现税收筹划的目的。

三、企业税务管理的内容

企业税务管理的内容主要有两个方面：一是企业涉税活动管理，二是企业纳税实务管理。从企业生产经营活动与税务的联系来看，其内容大致可作如下划分。

（1）税务信息管理。主要包括对企业外部和内部的税务信息（税收法规、历年纳税情况等）的收集、整理、传输、保管，以及分析、研究、教育与培训等。

（2）税务计划管理。包括企业税收筹划、企业重要经营活动、重大项目的税负测算、企业纳税方案的选择和优化、企业年度纳税计划的制订、企业税负成本的分析与控制等。

（3）涉税业务的税务管理。包括企业经营税务管理、企业投资税务管理、企业营销税务管理、企业筹资税务管理、企业技术开发税务管理、商务合同税务管理、企业税务会计管理和企业薪酬福利税务管理等。

（4）纳税实务管理。包括企业税务登记、纳税申报、税款缴纳、发票管理、税收减免申报、出口退税、税收抵免和延期纳税申报等。

（5）税务行政管理。主要包括企业税务证照保管、税务稽查应对、税务行政复议申请与跟踪、税务行政诉讼、税务行政赔偿申请和办理等。

税务管理是企业纳税意识和财务管理水平不断提高的表现，它应受到更多关注，企业应努力把握国家税收制度变化和宏观经济环境的变动，着眼于总体的管理决策，结合自身具体特点，制定出切实可行的税务管理方案，从而真正充分利用国家税收政策，减轻企业税收负担，实现企业价值最大化目标。

第二节　筹资税务管理

企业筹资，是指企业作为筹资主体，根据其生产经营、对外投资和调整资本结构等需要，通过筹资渠道和金融市场，运用筹资方式，经济有效地筹措和集中资本的活动。企业筹资方式有利润留存、向金融机构借款、向非金融机构或企业借款、发行股票和债券和租赁等。进行筹资决策时，企业必须计算资金成本。税收是影响企业资金成本的重要因素，因此有必要对筹资过程中涉及的税务问题进行研究，以便使筹资决策更加科学合理。

一、债务筹资的税务管理

（一）债务筹资税务管理概述

目前，我国企业债务筹资方式多种多样，从单一的向银行贷款逐渐发展到向其他企业借款、发行债券和租赁等多种形式。

（1）银行借款的税务管理，银行借款的资金成本主要是利息，利息可以税前扣除，所以具有抵税作用。

（2）发行债券的税务管理，根据税法规定，债券利息可以在税前列支。企业债券的付息方式有定期还本付息和分期付息两种方式。

（3）企业间资金的税务管理。企业间资金借用一般应通过合法的金融机构进行，在利息计算及资金回收等方面与银行贷款相比有较大弹性和回旋余地。此种方式对于设有财务公司或财务中心（结算中心）的集团企业来说，税收利益尤为明显。

（4）借款费用的税务管理。企业发生的借款费用多数可以直接税前扣除，但有些借款费用则需要计入资产成本，分期扣除。如企业为购置、建造固定资产、无形资产和经过12个月以上的建造才能达到预定可销售状态的存货发生借款的，在有关资产购置、建造期间发生的合理的借款费用，应当作为资本性支出计入资产成本。

（5）租赁的税务管理。租赁可以分为两类：融资租赁和经营租赁，它也是企业减轻税负的重要方法。对承租人来说，经营租赁的租金可以在税前扣除，减少税基从而减少应纳税额。融资租赁资产可以计提折旧计入成本费用，降低税负。

（二）债务筹资的税收筹划

企业由于利用了债务融资，资本收益率反而提高，充分体现出负债的财务杠杆效应。但是，企业在使用债务融资时还应该考虑财务风险承受能力。如果企业债务过重，会导致企业资本结构不合理，加大财务风险，债务筹资的税收筹划需要纳入资本结构范畴进行统一考虑。

二、权益筹资的税务管理

（一）权益筹资税务管理概述

（1）发行股票的税务管理。当企业决定采用发行股票筹集资金时，需要考虑发行股票的资金成本。发行股票所支付的股息不能直接在税前扣除，只能从企业税后利润中支付，同时还需要考虑股票发行过程中存在的评估费、发行费、审计费和公证费等中介费用的税务问题。

（2）留存收益筹资的税务管理。企业通过留存收益筹资可以避免收益向外分配时存在的双重纳税问题，因此，在特定税收条件下它是一种减少投资者税负的手段。

（3）吸收直接投资的税务管理。企业通过吸收直接投资筹集到的资金构成企业的权益资金，其支付的红利不能在税前扣除，因而不能获得税收收益。企业吸收直接投资时应考虑自身的资本结构，衡量权益融资和债务融资的资金成本，实现合理降低税负的目的。

（二）权益筹资的税收筹划

筹资总额中，债务所占比重越大，计算出来的每股净利会越高。但在债务比重大的情况下，财务风险会较高，所以，在进行决策时，也需要考虑资本结构合理性的问题。

第三节　投资税务管理

一、研发税务管理办法的主要内容

我国企业所得税法规定，开发新技术、新产品、新工艺发生的研究开发费用，可以在计算应纳税所得额时加计扣除。具体办法为：企业为开发新技术、新产品、新工艺发生的研究开发费用，未形成无形资产的计入当期损益，在按照规定据实扣除的基础上，再按照研究开发费用的 50% 加计扣除；形成无形资产的，按照无形资产成本的 150% 摊销。同时对于企业由于技术开发费加计扣除部分形成企业年度亏损部分作为纳税调减项目处理。

二、直接投资税务管理的主要内容

直接投资可以分为对内直接投资和对外直接投资。对内直接投资是企业将资金投向生产经营性资产以期获得收益的行为，如投资固定资产、垫付营运资金等。对外直接投资如企业间的合作、联营。

1. 投资方向的税务管理

税收作为重要的经济杠杆，体现着国家的经济政策和税收政策。如税法规定，对于国家重点扶持的高新技术企业，按 15% 的税率征收企业所得税；对于创业投资企业从事国家需要重点扶持和鼓励的投资，可以按投资额的一定比例抵扣应纳税所得额。

2. 投资地点的税务管理

企业进行投资决策时，需要对投资地点的税收待遇进行考虑，充分利用优惠政策。如税法规定，对设在西部地区国家鼓励类产业的内资企业，在 2001 年至 2010 年间，减按 15% 的税率征收企业所得税。

3. 投资方式的税务管理

企业可以采取货币、实物、知识产权、土地使用权等投资方式。根据税法对不同投资方式的规定，合理选择投资方式，可以达到减轻税收负担的目的。

4. 企业组织形式的税务管理

企业在发展到一定规模后需要设立分支机构，分支机构是否具有法人资格决定了企业所得税的缴纳方式。

三、间接投资的税务管理

间接投资又称证券投资，是企业用资金购买股票、债券等金融资产而不宜接参与其他企业生产经营管理的一种投资活动。与直接投资相比，间接投资考虑的税收因素较少，但也有税收筹划的空间。如企业所得税法规定，国债利息收益免交企业所得税，而购买企业债券取得的收益需要缴纳企业所得税，连续持有居民企业公开发行并上市流通的股票不足 12 个月取得的投资收益也应缴纳企业所得税等。

第四节　营运税务管理

企业产购销活动中，采用不同的结算方式、购销方式、计价核算方式等，会导致企业在税收待遇和税收负担上存在差异。所以，为了降低税收负担、实现企业价值最大化目标，企业在产购销过程中充分考虑税收因素。

一、采购的税务管理

采购是企业日常经营中供、产、销的"供应"部分。采购主要影响流转税中增值税进项税额，企业采购过程中需要注意以下税收问题。

1. 购货对象的税务管理

企业从不同类型的纳税人采购货物，所承担的税收负担不一样。例如，由于小规模纳税人不能开具增值税专用发票，一般纳税人从小规模纳税人处采购的货物，增值税不能抵扣（由税务机关代开的除外）。

2.购货运费的税务管理

按照我国增值税管理规定，购进原材料的运费则可以抵扣增值税。

3.代购方式的税务管理

委托代购业务可分为受托方只收取手续费和受托方按正常购销价格结算两种形式。虽然两种代购形式都不影响企业生产经营，但财务核算和税收管理却不相同。

4.结算方式的税务管理

结算方式有赊购、现金、预付等。

5.采购时间的税务管理

由于增值税采用购进扣税法，所以当预计销项税额大于进项税额时，适当提前购货可以推迟纳税。

6.增值税专用发票管理

在采购商品、接受服务以及从事其他经营活动支付款项时，应当向销售方索取符合规定的增值税专用发票，不符合规定的发票，不得作为抵扣凭证。同时需要注意增值税一般纳税人申报抵扣的时间，必须自专用发票开具之日起90日内到税务机关认证，否则不予抵扣进项税额。

二、生产的税务管理

企业生产过程实际上是各种原材料、人工工资和相关费用转移到产品的全过程。生产过程中企业需要注意以下税收问题：

1.存货的税务管理

我国企业会计准则规定，存货计价可以采用先进先出法、加权平均法、个别计价法等计价方法。不同的计价方法为税收筹划提供了可操作空间。

2. 固定资产的税务管理

企业可以采用直线折旧法或加速折旧法进行固定资产后续计量，不同的折旧方法影响当期费用和产品成本。

3. 人工工资的税务管理

企业所得税法规定，企业实际发生的合理工资薪金支出，在企业所得税税前扣除时，不再受计税工资或工效挂钩扣除限额的限制，可以全额据实扣除。

4. 费用的税务管理

不同的费用分摊方法会扩大或缩小产品成本，从而影响企业利润水平和税收，企业可以通过选择有利的分摊方法来进行税收筹划。

三、销售的税务管理

销售在企业经营管理中占有非常重要的地位，销售收入的大小不仅关系到当期流转税额，也关系到企业所得税额，是影响企业税收负担的主要因素。企业销售过程中需要注意以下税收问题。

1. 销售方式的税务管理

销售方式多种多样，总体上主要有两种类型：现销方式和赊销方式。

2. 促销方式的税务管理

让利促销是商业企业在零售环节常用的销售策略，常见的让利方式包括打折销售、购买商品赠送实物和购买商品赠送现金等。

3. 特殊销售行为的税务管理

企业多元化经营必然造成企业的兼营和混合销售，税法对兼营与混合销售、视同销售等经营行为作了比较明确的规定，企业如果能在经营决策前做出合理筹划，那么可以减少税收支出。

第五节 收益分配税务管理

一、企业所得税的税务管理

应纳税所得额的合理确定是应交所得税筹划的关键，所得税税收筹划需要注意以下问题：

（1）应税收入的税务管理。企业已经发生的销售业务，其销售收入应适时入账。对于不应该归入收入类账目的，不能入账；尚未发生的销售业务，不应预先入账。

（2）不征税收入和免税收入的管理。企业应积极利用不征税收入和免税收入的规定，降低税负。

（3）税前扣除项目的税务管理。对扣除项目进行筹划是企业所得税筹划的重点。企业应在税法允许的范围内，严格区分并充分列支业务招待费、广告费和业务宣传费等，做好各项费用的测算和检查，用足抵扣限额。

（4）企业所得税优惠政策的管理。企业应充分利用投资地点、投资方向等优惠领域进行税收策划，以获取税收优惠，降低税负水平。

二、亏损弥补的税务管理

据企业所得税法规定，企业纳税年度发生的亏损准予向以后年度结转，用以后年度所得弥补，但弥补期限最长不得超过五年，五年内不论是盈利还是亏损，都作为实际弥补年限计算。

税法关于亏损弥补的规定为纳税人进行税收筹划提供了空间，纳税人可以充分利用亏损结转的规定，尽早弥补亏损，获得税收利益。

三、股利分配的税务管理

股利分配是公司向股东分派股利，是公司利润分配的一部分。股利分配常见的方式有现金股利和股票股利。

股利分配涉及的税收事项主要包括是否分配股利以及采取何种股利支付方式。对于公司来说，它会影响公司的市场形象和未来价值，对于股东来说，获得股利的股东需要缴纳个人所得税。公司在分配股利时，财务管理人员应该注重税收对股东财富的影响，合理选择股利支付方式，增加股东财富。

第六节　税务风险管理

税务风险是指企业涉税行为因未能正确有效地遵守税法规定而遭受法律制裁、财务损失或声誉损害的可能性。而税务风险管理，则是防止和避免企业偷税漏税行为所采取的管理对策和措施。

企业税务风险管理的主要目标包括：

（1）税收筹划应具有合理的商业目的，并符合税法规定；

（2）经营决策和日常经营活动应考虑税收因素的影响，符合税法规定；

（3）对税务事项的会计处理应符合相关会计制度或准则以及相关法律法规；

（4）纳税申报和税款缴纳应符合税法规定；

（5）税务登记、账簿凭证管理、税务档案管理以及税务资料的准备和报备等涉税事项应符合税法规定。

税务风险管理是企业风险管理的分支，因为企业的各项活动均会导致相应的会计核算，而会计核算的方法直接导致企业税务核算，所以，税务风险的管理，也就是企业内部控制中对于税务一方面的管理，也有一个完整的体系。

一、税务风险管理环境

企业应结合自身经营情况、税务风险特征和已有的内部风险控制体系，建立相应的税务风险管理制度。税务风险管理制度主要包括：税务风险管理组织机构、岗位和职责；税务风险识别、评估的机制和方法；税务风险控制和应对的机制和措施；税务信息管理体系和沟通机制；税务风险管理的监督和改进机制。

二、税务风险管理组织

企业应结合生产经营特点和内部税务风险管理要求设立税务管理机构和岗位，明确岗位职责和权限。

企业税务管理机构主要履行以下职责：

（1）制定和完善企业税务风险管理制度和其他涉税管理规范；

（2）参与企业战略规划和重大经营决策的税务影响分析，提出税务风险管理建议；

（3）组织实施企业税务风险的识别、评估，监测日常税务风险并采取应对措施；

（4）指导和监督有关职能部门、各业务单位以及全资、控股企业开展税务风险管理工作；

（5）建立税务风险管理的信息和沟通机制；

（6）组织税务培训，并向本企业其他部门提供税务咨询；

（7）承担或协助相关职能部门开展纳税申报、税款缴纳、账簿凭证和其他涉税资料的准备和保管工作；

（8）其他税务风险管理职责。

税务管理组织应建立科学有效的职责分工和制衡机制，确保税务管理的不相容岗位相互分离、制约和监督。涉税业务人员应具备必要的专业素质、良好的业务素质和职业操守，遵纪守法，同时定期参加职业技能和税收法规培训，不断提高业务素质和职业道德水平。

三、税务风险识别

企业应定期全面、系统、持续地收集内部和外部相关信息，结合实际情况，通过风险识别、风险分析和风险评价等步骤，查找企业经营活动及其业务流程中的税务风险，分析和描述风险发生的可能性和条件，评价风险对企业实现税务管理目标的影响程度，从而确定风险管理的优先顺序和策略。

一般而言，企业应结合自身税务风险管理机制和实际经营情况，重点识别下列税务风险因素：

（1）董事会、监事会等企业治理层以及管理层的税收遵从意识和对待税务风险的态度；

（2）涉税业务人员的职业操守和专业胜任能力；

（3）企业组织机构、经营方式和业务流程；

（4）税务管理的技术投入和信息技术的运用；

（5）企业财务状况、经营成果及现金流情况；

（6）企业相关内部控制制度的设计和执行；

（7）企业面临的经济形势、产业政策、市场竞争及行业惯例；

（8）企业对法律法规和监管要求的遵从；

（9）其他有关风险因素。

税务风险识别和评价由企业税务部门协同相关职能部门实施，也可聘请具有相关资质和专业能力的中介机构协助实施，对税务风险实行动态管理，及时识别和评估原有风险的变化情况以及新产生的税务风险。

四、税务风险应对策略和内部控制

企业应根据税务风险评估结果，结合风险管理的成本和效益，在企业管理控制体系内建立有效的内部控制机制，合理设计税务管理的流程及控制方法，制定税务风险应对策略，全面控制税务风险。

企业应根据风险产生的原因，从组织机构、职权分配、业务流程、信息沟通和检查监督等多方面建立税务风险控制点；根据风险的不同特征，采取相应的人工控制机制或自动化控制机制；根据风险发生的规律和重大程度，建立预防性控制和反馈性控制机制。

针对重大税务风险所涉及的管理职责和业务流程，企业应制定覆盖各个环节的全流程控制措施；对其他风险所涉及的业务流程，合理设置关键控制环节，采取相应的控制措施。

企业税务部门还应参与全局性组织结构、产品和市场、竞争和发展等战略规划，以及重大对外投资、重大并购重组及重要合同或协议的签订等决策，参与关联交易价格制定、跨国经营业务策略等重要经营活动，跟踪和监控相关税务风险。具体来说，企业税务部门应协同相关职能部门，通过以下方面管理日常经营活动中的税务风险：

（1）参与制定或审核企业日常经营业务中涉税事项的政策和规范；

（2）制定各项涉税会计事务的处理流程，明确各自的职责和权限，确保对税务事项的会计处理符合相关法律法规；

（3）完善纳税申报表编制、复核和审批，以及税款缴纳的程序，明确相关的职责和权限，保证纳税申报和税款缴纳符合税法规定；

（4）按照税法规定，真实、完整地提供和保存有关涉税业务资料，并按相关规定进行报备。

五、税务信息管理体制和沟通机制

企业应建立税务风险管理的信息与沟通制度，明确税务相关信息的收集、处理和传递程序，确保企业税务部门内部、企业税务部门与其他部门、企业税务部门与董事会、监事会等企业治理层以及管理层的信息沟通和反馈，及时发现问题并采取应对措施。

同时，企业应逐步将信息技术应用于税务风险管理的各项工作，建立涵盖风险管理基本流程和内部控制系统各环节的风险管理信息系统。税务风险管理信息系统数据的记录、收集、处理、传递和保存，应符合税法和税务风险控制的要求。

六、税务风险管理的监督和改进

企业应定期对企业税务风险管理机制的有效性进行评估审核，不断改进和优化税务风险管理制度和流程。企业应根据评估报告的建议，按照内部税务管理的奖惩制度进行激励和处罚，并及时完善税务风险管理的薄弱环节，不断改进税务管理内部控制制度和行为的规范性。

参考文献

[1] 余莉.高职财务会计理实一体教学方法探讨 [J]. 新纪实·学校体音美 , 2020.

[2] 刘静.金融机构资产管理业务的财务会计处理研究 [J]. 财会学习 , 2021(3):2.

[3] 饶盛华.资金池安排的财务会计处理及注意事项 [J]. 经济研究导刊 , 2022(21):3.

[4] 张德潭 , 忻园.利改税第二步改革中商业企业财务会计处理 [J]. 商业经济与管理 , 1985(4):4.

[5] 熊崇义.试论现代租赁与租赁费的财务会计处理问题 [J]. 财经科学 , 1988(3):5.

[6] 刘蔚.浅论证券资产管理业务的财务会计处理 [J]. 现代经济信息 , 2010(5X):3.

[7] 陈源.负商誉的财务会计处理问题探讨 [J]. 内蒙古煤炭经济 , 2015(12):2.

[8] 朱剑珍.如何在财务会计理实一体化教学模式下做到有效教学 [J]. 中国校外教育旬刊 , 2013(z1).

[9] 汤湘希.对财务会计几个问题的理解 [J]. 财会月刊 , 2003, 000(12A):32-33.

[10] 胡文镐.国际惯例财务会计原理与实务 [M]. 北京：企业管理出版社 , 1993.

[11] 胡文镐 , 孙健 , 张亢.国际惯例财务会计原理与实务 [M]. 北京：企业管理出版社 ,1993.

[12] 贾秀岩 , 唐淑智.西方财务会计原理与应用 [M]. 天津：南开大学出版

社 ,1993.

[13] 汪育治 . 关于改进企业住房基金财务会计处理的浅见 [J]. 上海会计 ,1997, 000(003):11.

[14] 朱剑珍 . 如何在财务会计理实一体化教学模式下做到有效教学 [J]. 中国校外教育 (美术), 2013.

[15] 研议小组 . 财务会计问题解释函汇编会计处理实务与运用 [J]. 会计研究月刊 , 2006(247):16-20.

[16] 蔡祺智 , 晏敏 . 浅议企业收到财政资金的财务会计处理 [J]. 财务与会计 ,2010(02):46-47.

[17] 李雅莎 . 浅析增值税的财务会计与税务会计处理的差异 [J]. 中文科技期刊数据库 (全文版) 经济管理 , 2022(8):3.

[18] 胡晓玲 . 存货会计中税金的财务会计处理改革浅探 [J]. 企业家天地 (下半月版), 2007.

[19] 乔克林 , 孙美全 . 论人力资产 (资本) 财务会计处理问题 [J]. 延安教育学院学报 , 1999.

[20] 陶中华 . 企业拆迁补偿的财务会计处理 [J]. 电子财会 , 2006(4):2.

[21] 胡冬 . 财务会计理实一体化教学探索与实践 [J]. 现代经济信息 ,2014(8X):1.

[22] 罗桂兰 . 财务会计理实一体化教学模式下的有效教学思考 [J]. 现代经济信息 , 2014(9X):1.

[23] 冯巧根 . 现代会计发展对审计理论研究的影响 [J]. 审计理论与实践 ,2000(10):3.